Quinoa
Das Kochbuch

Entdecken Sie die Kraft des antiken Superfoods

2. Auflage 2015

Inhaltsverzeichnis

Einleitung

Wenn es um "Superfoods" geht, bin ich eigentlich immer etwas skeptisch, denn es gibt in der modernen Zeit sehr viele Nahrungsmittel, die als solche angepriesen werden - und oft nicht unbedingt zurecht. Auf Quinoa bin ich eigentlich nur durch Zufall gestoßen, als es eine Bekannte zum Abendessen serviert hat. Ich kannte Quinoa bis dahin noch nicht, war aber sofort vom Geschmack beeindruckt; später erst begann ich, mich mit diesem Nahrungsmittel näher zu beschäftigen und bin so auf all seine wundervollen Eigenschaften gekommen, die es aus meiner Sicht tatsächlich zu solch einem "Superfood" machen. Die Faszination "Quinoa" hat seit Jahren bei mir nicht nachgelassen und dieses wundersame Korn ist aus meiner Ernährung gar nicht mehr wegzudenken. Ich habe experimentiert und probiert, weggelassen und hinzugefügt, bis ich eine Sammlung von Rezepten hatte, die zu meinen absoluten Lieblingsspeisen gehören und die ich auch mit Ihnen teilen möchte. Vorab aber einige Worte über dieses tolle Korn, dass auch Sie sicherlich lieben werden!

Quinoa, das neue Superfood, über das alle Welt spricht. Doch was ist das eigentlich? Was macht es zum Superfood? Und wie kann man es überhaupt einsetzen?

Auf all diese Fragen und noch viele mehr soll dieses Buch Antworten geben. Es soll Ihnen einen Überblick über das Nahrungsmittel geben, Einsatzmöglichkeiten in Form von Rezepten aufzeigen und Ihnen alles Wissenswerte über gesundheitliche Vorteile und Effekte mitteilen.

Sie werden überrascht sein, wie leicht es ist, Quinoa in die alltägliche Ernährung einzubauen und wie viele

Dinge man nicht nur ersetzen, sondern auch rein geschmacklich weit übertreffen kann.

Die gesunde Nährstoffbombe ist super vielseitig einsetzbar und es macht auch riesigen Spaß, immer wieder neue Rezepte zu entdecken und auszuprobieren. Quinoa ist für absolut jeden einsetzbar, denn es ist 100% pflanzlich und sogar glutenfrei, wodurch sie auch die perfekte Eiweißquelle für Veganer, Vegetarier und Menschen mit Glutenunverträglichkeit darstellt. Aber finden Sie es doch einfach selbst heraus. Im vierten Kapitel des Buches sind Rezepte aufgeführt, die nicht nur einfach, sondern auch vielseitig und extrem lecker sind. Damit ist es ein Kinderspiel, Quinoa in Ihre Ernährung zu integrieren. Sie werden es sich nicht mehr wegdenken können!

Ich hoffe sehr, dass Ihnen das Buch gefällt und Sie zum Nachkochen und Ausprobieren inspiriert.

Kapitel 1: Was ist Quinoa und was ist drin?

Quinoa sind kleine Samen, beziehungsweise Kerne, die sich ähnlich wie Reis kochen lassen. Sie haben einen milden, nussigen Geschmack und eine leichte, fluffige Konsistenz, die ein wenig an Couscous erinnert. Quinoa ist nicht nur äußerst gesund und nährstoffreich, sondern auch noch außergewöhnlich lecker und, ganz wichtig, sättigend.

Das Powerkorn besteht größtenteils aus pflanzlichem Eiweiß, das alle essentiellen Aminosäuren, die wir für die Zellerneuerung benötigen, beinhaltet. Diese speziellen Aminosäuren sind diejenigen, die der Körper nicht selbst produzieren kann, weshalb sie ihm aus der Nahrung zugeführt werden müssen. Da sie dennoch für einen gesunden und ausgeglichenen Körper unabdingbar sind, nennt man sie essenzielle Aminosäuren.

Das besondere an Quinoa ist, dass man all diese notwendigen Aminosäuren aus nur diesem einen Produkt beziehen kann, was die gesunde Nahrungsaufnahme natürlich sehr stark erleichtert. Es enthält beispielsweise in großen Mengen Linolsäure, eine essenzielle Fettsäure, die für die Abwehrkräfte des Immunsystems verantwortlich ist. Außerdem ist es super für Babys geeignet, da es eine hohe Konzentration an Histidin enthält, das essenziell für das Wachstum und die Entwicklung des Kindes ist.

Das Beste ist allerdings, dass das Abkochen oder das Anbraten von Quinoa fast gar keine Auswirkungen auf die guten Fettsäuren hat. Das ermöglicht uns natürlich, Quinoa in der leckeren, gekochten Variante zu genießen, ohne aber auf all seine Nährstoffe und alle anderen Vorteile verzichten zu müssen. Dafür sind, laut Wissenschaft, die zahlreichen Antioxidantien verantwortlich, die in den Körnern enthalten sind.

Aber Quinoa ist nicht nur proteinhaltig, sondern besteht auch zu großen Teilen aus Ballaststoffen und Vitaminen, wie Calcium, Vitamin E, Kalium, Phosphor, Magnesium und anderen Nährstoffen. Was es allerdings nicht enthält, ist Gluten, sehr zur Freude all derjenigen, die unter Unverträglichkeiten leiden. Quinoa gehört nämlich nicht einmal zur gleichen Familie wie Weizen, Gerste oder Roggen, sondern ist Vertreter der Familie der Fuchschwanzgewächse.

Eine weitere positive und nicht unbedeutende Eigenschaft des Superfoods ist dessen Komplexität und die Tatsache, dass es NICHT genetisch modifiziert ist. Die probiotischen Nährstoffe helfen außerdem dabei, die wichtigen Bakterien in unserem Darm zu füttern. Das ist nicht zu verachten, denn je gesünder die Bakterien sind, desto besser kann der Körper Infektionen und Krankheitserreger bekämpfen, womit wir auch schon beim nächsten wichtigen Punkt sind, den gesundheitlichen Aspekten dieser Samen.

Zunächst aber noch einmal die Benefizien des Quinoakorns im Überblick:

- Quinoa gehört zu den eiweißreichsten Samen überhaupt
- Es ist in seiner natürlichen Form vegan
- Es enthält 9 essenzielle Aminosäuren
- und punktet auch mit großem Mineralreichtum
- Es ist glutenfrei und nicht genetisch modifiziert

Genügend Gründe also, um dieses Superkorn mit in die tägliche Ernährung einzubauen und von seinen Vorteilen zu profitieren!

Kapitel 2: Gesundheitliche Aspekte

Dass Quinoa glutenfrei ist, haben Sie nun bereits erfahren und das gehört zugleich auch zu seinen besten und faszinierendsten Eigenschaften. Man würde annehmen, dass es - wegen des Aussehens - zur Weizen-, Roggen- oder Haferfamilie gehört, aber dem ist nicht so. Es ist nämlich Vertreter der Familie der Fuchsschwanzgewächse. Außerdem hat Quinoa natürlicherweise einen hohen Proteingehalt, viele Ballaststoffe und auch Vitamine. Sie ist nicht genetisch modifiziert und hat sich als super Waffe im Bereich der Entschlackung behaupten können. Die Folsäure und das Vitamin B in Quinoa fördern nämlich die Fähigkeit der Leber, Gifte aus dem Körper auszuscheiden.

Quinoa kann mit seinen unzähligen natürlichen Nährstoffen und Aminosäuren vielen Menschen mit den unterschiedlichsten Krankheitsbildern helfen oder diesen Krankheitsbildern vorbeugen. Es ist ein natürliches Wundermittel und in diesem Kapitel werden ein paar dieser Heilkräfte aufgezeigt.

- *Tatkräftig im Kampf bei Migränebeschwerden:* Zunächst einmal können zahlreiche Menschen, die unter Migräne leiden von Quinoa profitieren, denn das Superfood enthält große Mengen an Magnesium und Riboflavin. Es beugt Migräneanfällen vor, da es das schmerzhafte Zusammenziehen und sprunghafte Ausweiten der Blutgefäße verhindern kann. Es ist wissenschaftlich bewiesen, dass Migränepatienten, die größere Mengen von Magnesium in ihre Ernährung einbauen, seltener Kopfschmerzen haben und zusätzlich hat das Riboflavin einen positiven Einfluss auf den Stoffwechsel von Gehirn- und Muskelzellen, was ebenfalls vor Migräneanfällen schützt.

- *Prävention vor Herz-Kreislauf-Erkrankungen:* Auch hier ist vor allem das Magnesium aus der Quinoa für diesen positiven Effekt verantwortlich. Menschen, die viel Quinoa essen, verbessern oft den Zustand ihres Herz-Kreislauf-Systems. Magnesium hilft bewiesenermaßen dabei, Bluthochdruck zu senken, sowie Herzrhythmusstörungen zu verringern, da es zur Entspannung der Blutgefäße beiträgt.

- *Wirkt als Probiotikum:* Des Weiteren hilft Quinoa bei der Verdauung, beziehungsweise verbessert es den Stoffwechsel. Denn wie bereits im vorherigen Kapitel erwähnt, ernährt es die nützlichen Bakterien unseres Darms und da es so vielseitig ist und leicht zu verdauen, kann der Körper direkt auf die Vitamine und Mineralien, die es enthält, zurückgreifen. Durch die vielen Ballaststoffe wird der Verdauungsprozess erleichtert, die Gesundheit des Darms gefördert und die Bildung von Gallensteinen verhindert.

- *Wirkt reinigend und entschlackend:* Die in Quinoa enthaltene Folsäure und das Vitamin B treiben die Tätigkeit der Leber, die für die Verarbeitung von Giften verantwortlich ist, an. Menschen, die solche Lebensgewohnheiten haben, die sie anfällig für Krebs machen, oder die das Risiko eines hohen Blutdrucks haben, werden häufig dazu angehalten, mehr Vollkornprodukte zu essen. Wenn diese Menschen aber zusätzlich Glutenunverträglichkeiten aufweisen, müssen sie sich von den meisten Vollkornprodukten fernhalten.

Quinoa ist, wie wir bereits wissen, glutenfrei, sodass es jeder ohne Weiteres verzehren kann.

- *Natürlicher Kampf gegen freie Radikale:* Neben dem Magnesium enthält Quinoa noch weitere Antioxidantien wie Zink und Kupfer, die für die Vernichtung freier Radikale, die in unserem Sauerstoff stecken, zuständig sind. Es gibt viele Firmen, die extra für dieses Problem spezielle Nahrungsergänzungsmittel herstellen, da diese besagten freien Radikale krebserregend sind. Aber mit Quinoa kann der Körper diese Enzyme selbst herstellen. Also hilft Quinoa sogar, den Alterungsprozess zu verlangsamen und Krebszellen zu vernichten.

Kapitel 3: Bevor es losgeht

Bei der Zubereitung von Quinoa kann man eigentlich nicht viel falsch machen – das ist auch einer der Gründe, wieso es zu meinen Lieblingsnahrungsmitteln gehört. Es ist in etwa wie mit Gries oder Reis; viel Aufwand braucht es da nicht und es geht außerdem superschnell. Nichts desto trotz gibt es aber doch die ein oder andere Regel bei der Zubereitung von diesem Superfood, die es vor allem Anfängern auf dem Gebiet sehr leicht machen. Zu den Dingen, die man unbedingt beachten sollte, gehören:

- *Gründliches Abwaschen:* Quinoa ist mit einer bitteren Schicht ummantelt, an der ein Stoff namens Saponin die Schuld trägt. Wenn Sie es vor dem Kochen nicht gründlich genug abwaschen (in einem engmaschigen Sieb, damit das Quinoa nicht durchsickert) wird all Ihre Mühe wohl leider umsonst sein. Sie können sich noch so sehr ins Zeug legen – Ihr Essen wird durch die Bitterkeit leider ruiniert sein. Deswegen also als Schritt eins viel Wasser über das Sieb mit dem Quinoa laufen lassen, um diese bittere Schicht loszuwerden und eine leckere Mahlzeit genießen zu können.

- *Geschmack verleihen:* Quinoa wird normalerweise in Wasser gekocht; nichts desto trotz können Sie ihm natürlich zusätzlichen Geschmack verleihen, indem Sie es in verschiedenen Brühen kochen. Dabei kommt jede Brühe in Frage – egal ob Rinder-, Gemüse- oder Geflügelbrühe, je nach Geschmack. Einen ähnlichen Effekt erzielen Sie auch durch die Zugabe von verschiedenen Gewürzen oder getrockneten Kräutern.

Quinoa können Sie selbstverständlich einfach nur kochen, aber um den maximalen Geschmack rauszuholen, empfiehlt es sich, die Körner vorher *anzurösten*. Dazu brauchen Sie nur einen EL eines beliebigen Öls, das Sie in der Pfanne erhitzen und die Körner hineingeben und sie rösten bis sie goldgelb werden. Dieser Vorgang dauert gewöhnlicherweise um die 5 Minuten; achten Sie aber darauf, dass das Quinoa nicht anbrennt.

Es gibt auch einige Regeln zu den Dingen, die Sie mit Quinoa lieber nicht machen sollten, um den Geschmack und die Konsistenz nicht zu beeinträchtigen. Beispielsweise sollten Sie nicht:

- Quinoa verwenden, ehe es abgetropft ist: Quinoa kann nämlich eine ganze Menge Flüssigkeit aufnehmen, also sollten Sie es einige Minuten stehen und gut abtropfen lassen, ehe Sie es mit anderen Zutaten vermischen. Tun Sie dies nicht, dann wird die in Quinoa enthaltene Flüssigkeit erst beim Kochen raus gelassen, sodass Sie dadurch eine wässrige Mahlzeit bekommen.

- Es sofort verwenden: Wenn Sie Quinoa als Teil eines Gerichts zubereiten, dann sollten Sie zuerst das Quinoa kochen, damit es genug Ruhezeit bekommt. Es braucht mindestens 15 Minuten, um fest zu werden und das ganze Gericht nicht wässrig zu machen. Wenn es sich die 15 Minuten lang gesetzt hat, dann sollten Sie es noch mit einem Kochlöffel oder einem anderen Utensil vor der Zugabe zu anderen Zutaten auflockern.

- Die ungeeigneten Portionierung verwenden: Die Daumenregel für das Kochen von Quinoa ist ein Verhältnis von 1:2, d.h. Dass Sie für einen Teil Quinoa zwei Teile Flüssigkeit brauchen. Wenn die Flüssigkeit aufgekocht ist, reduzieren Sie die Hitze und lassen das Quinoa etwa 15 Minuten köcheln. So zubereitet sollte das Quinoa eine perfekte Konsistenz haben und nicht unter- oder überkocht sein.

In diesen überschaubaren ersten Kapiteln haben Sie nun die nützlichsten Informationen zu der Zubereitung von Quinoa bekommen. Dem Kochen steht also nichts mehr im Weg! Viel Spaß beim Nachkochen meiner Lieblingsrezepte!

Kapitel 4: Rezepte

Die Rezepte sind, wie schon in den vorherigen Kapiteln erwähnt, sehr leicht nachzukochen. Sie werden sicherlich nach einer Weile ein Gefühl dafür bekommen, wie Ihnen die Quinoakörner am besten schmecken. Dann können Sie natürlich Ihrer Fantasie freien Lauf lassen und die Rezepte wild durcheinandermischen und miteinander kombinieren.

Bitte beachten Sie, dass zwar die Quinoakörner selbst 100% glutenfrei sind, allerdings sind nicht alle Rezepte komplett glutenfrei. Sollten Sie also an einer Unverträglichkeit leiden, achten Sie bitte auf die Inhaltsstoffe der anderen Zutaten.

Für alle Veganer und Vegetarier da draußen sind zahlreiche vegetarische und vegane Gerichte im letzten Rezeptabschnitt zu finden. Aber bitte nicht alle anderen Rezepte überspringen, da auch bei den Frühstücksrezepten, sowie bei den Suppen und Salaten vegane und vegetarische Rezepte dabei sind. Diese sind jeweils gekennzeichnet.

Gutes Gelingen!

Rezepte

Frühstück

Blaubeere-Zimt-Quinoa Frühstück – Vegetarisch

Zutaten (für 2 Portionen):

480 ml Milch, 1,5% Fett

225 g Quinoa, ungekocht, abgewaschen

1 Prise Zimt

3 EL brauner Zucker, light

200 g Blaubeeren, frisch

Zubereitung:

Milch in einen kleinen Topf geben und aufkochen. Quinoa hinzugeben und zusammen ein paar Minuten kochen lassen. Hitze reduzieren und weitere 15 Minuten köcheln lassen.

Zimt und Zucker hinzugeben und weitere 8 Minuten kochen. Blaubeeren hinzugeben und noch 30 Sekunden auf dem Herd stehen lassen.

Energiegeladenes Quinoa-Omelett

Zutaten (für 2 Portionen):

3 große Eier

Frischer Pfeffer und Meersalz nach Belieben

75 g Quinoa, gekocht

55 g grüne Zwiebeln, geschnitten

3 EL Ziegenkäse, weich und zerkleinert

Zubereitung:

Eier in einer kleinen Schüssel verrühren. Pfeffer, Salz und Quinoa hinzufügen und alles vermischen. Öl in mittelgroßer Pfanne erhitzen und bei mittlerer Hitze zuerst die Zwiebeln anbraten und dann die Quinoamischung hinzugeben. Wenn die Eier die gewünschte Konsistenz haben, Käse darüber streuen und vom Herd nehmen. Omelett zuklappen und den Käse schmelzen lassen.

Apfel-Zimt-Quinoa Mix - Vegan

<u>Zutaten</u> (für 4 Portionen):

2 EL Vanilleextrakt

1 EL Zimt

225 g Quinoa, roh

55 g Rosinen

120 ml Apfelmus, ungesüßt

240 ml Milch, fettarm, erwärmt / Sojamilch, erwärmt

50 g Pekannüsse

1 Apfel, geschält und gewürfelt

<u>Zubereitung:</u>

Quinoa zusammen mit der Vanille, dem Zimt und 360 ml Wasser in einem kleinen Topf zubereiten. Danach das gekochte Quinoa auf 4 Schüsseln verteilen, die Rosinen nach Geschmack zugeben und verrühren. Danach die Milch hinzugeben und Nüsse, Apfelstücke und Zimt darüber streuen.

Pfirsich-Quinoa-Haferbrei

Zutaten (für 2 Portionen):

2 Pfirsiche, geschält und in Scheiben geschnitten

55 g rote Quinoasamen

120 ml Milch

55 g Haferflocken

Zubereitung:

360 ml Wasser in einem kleinen Topf erhitzen. Die Pfirsiche und die Quinoasamen hinzufügen und 30 Minuten kochen. Danach Milch und Haferflocken zufügen, weitere 10 Minuten kochen lassen und dabei häufig umrühren.

Rührei mit Quinoa

<u>Zutaten</u> (für 4 Portionen):

115 g Quinoa, gekocht

3 EL Olivenöl

2 Knoblauchzehen, gepresst

1 kleine rote Zwiebeln, dünn geschnitten

115 g grüne Bohnen, geschnitten

3 mittelgroße Karotten, geschält und gewürfelt

55 g grüne Erbsen, süß

4 Eier

60 ml frischer Zitronensaft

1 EL Dill, getrocknet

4 EL frisches Basilikum, gehackt

5 Radieschen, in dünne Scheiben geschnitten

Pfeffer und Salz nach Belieben

115 g Ricotta

<u>Zubereitung:</u>

Olivenöl auf mittlerer Stufe in einer großen Pfanne erhitzen und Knoblauch und Zwiebeln dazugeben. 7 Minuten anbraten und danach die grünen Bohnen, die Karotten und die Erbsen hinzufügen. Währenddessen die Eier in einer kleinen Schüssel verrühren und in die Pfanne mit dem Gemüse geben. Das Ganze vorsichtig umrühren und anschließend die Pfanne vom Herd nehmen. Nun geben Sie das gekochte Quinoa dazu und verteilen den Zitronensaft, den Dill, das Basilikum, die Radieschen, Salz und Pfeffer darauf. Alles vorsichtig umrühren und zum Schluss den Ricotta darauf verteilen und servieren.

Süße Pfannkuchen mit Quinoa und Ahornsirup

Zutaten *(für 12 Pfannkuchen):*

½ EL Salz

90 g Mehl

225 g Quinoa, gekocht

2 EL Backpulver

2 EL Ahornsirup

60 ml Milch, fettarm

1 Ei, groß

1 EL Butter, geschmolzen

1 Eiweiß

Frisches Obst, nach Belieben

Zubereitung:

Salz, Mehl, das gekochte Quinoa und das Backpulver in eine Schüssel geben und mit einem Schneebesen verrühren. Danach den Sirup, die Milch, das Ei, die geschmolzene Butter, sowie das Eiweiß in einer anderen Schüssel verrühren. Beide Mischungen vermischen und eine Pfanne mit etwas Butter einfetten. Die Pfanne bei mittlerer Hitze erwärmen und die Masse esslöffelweise in die Pfanne geben. Jeden Pfannkuchen ungefähr 2 Minuten von jeder Seite braten.

Mit frischem Obst und Ahornsirup servieren.

Quinoa-Zimt-Müsli mit Ahornsirup

<u>Zutaten</u> (für 2 Portionen):

165 g Quinoa, rot, schwarz und gelb

2 EL Kokosöl

¼ TL Salz

60 ml Ahornsirup

115 g Kürbiskerne

115 g Paranüsse, zerhackt

2 TL Zimt

<u>Zubereitung:</u>

Ofen auf 250°C vorheizen und Backform mit Backpapier auslegen. Quinoa gut abwaschen und in der Backform verteilen, sodass eine gleichmäßige dünne Schicht entsteht. Die Form in den Ofen legen und ungefähr 20 Minuten backen. Das Backpapier mit den Quinoa-Samen entfernen und zur Seite legen. Den Ofen nun auf 350°C erhitzen. Das Öl mit dem Salz, dem Sirup, den Kürbiskernen, den Nüssen, dem Zimt und der Quinoa in einer großen Schüssel vermengen und dann in der Backform auf frischem Backpapier verteilen. Erneut für 20 Minuten backen und nach 10 Minuten einmal umrühren. Danach aus dem Ofen nehmen und auskühlen lassen. Das

Müsli sollte nun Klumpen bilden und ist so servierfertig.

Nuss-Blaubeerporridge mit Quinoa

Zutaten (für 1 Portion):

¼ TL Vanilleextrakt

1 EL Ahornsirup

Zimt nach Belieben

360 ml Milch

115 g Quinoa, gewaschen

55 g Blaubeeren, frisch

1 EL Paranüsse, geröstet und gehackt

Zubereitung:

Den Vanilleextrakt, den Ahornsirup, den Zimt, die Milch und das Quinoa in einen mittleren Topf geben und bei mittlerer Hitze aufkochen lassen. Danach auf kleiner Stufe für etwa 15 Minuten köcheln lassen. Anschließend die Blaubeeren hinzugeben und umrühren. Zum Schluss die Nüsse darüber verteilen und heiß servieren.

Frühstücksreis

Zutaten (für 4 Portionen):

450 g Quinoa, gekocht

225 g Schinken, gewürfelt

115 g Erbsen, tiefgekühlt

2 Eier

1 EL Öl zum Kochen

1 Zwiebel

1 Knoblauchzehe, gehackt

1 EL Ingwer, gehackt

1,5 TL Sojasoße

Schwarzer Pfeffer nach Belieben

Zubereitung:

Öl auf höchster Stufe in einer Pfanne erhitzen, die Eier verrühren, in die heiße Pfanne geben und ca. 15 Sekunden zu Rührei verrühren. Das Ei in einer Schüssel beiseite stellen. Bei mittlerer Hitze den Ingwer, die Zwiebel und den Knoblauch 30 Sekunden anbraten. Den Schinken zugeben und verrühren. Danach das Rührei, das Quinoa und die Erbsen hinzugeben und für weitere 2 Minuten kochen. Zum Schluss die Sojasoße und den schwarzen Pfeffer zugeben und 1 Minute umrühren.

Knusprige Walnüsse

Zutaten (für 1 Portion):

225 g Quinoa, gekocht

1 EL Ahornsirup

3 EL Walnüsse

2 EL Kokosraspeln

1 EL Olivenöl

Zubereitung:

Ofen auf 180°C vorheizen. Dann in einer Schüssel die Walnüsse, die Quinoasamen und die Kokosraspeln mit dem Ahornsirup beträufeln und Olivenöl darüber gießen. Das Ganze mit einem Löffel verrühren und auf einem Backblech mit Backpapier verteilen. 12 Minuten backen und vor dem Servieren 5 Minuten auskühlen lassen.

Quinoapudding mit Blaubeeren

Zutaten (für 4 Portionen):

180 g Quinoa, ungekocht

250 ml Wasser

325 ml Mandelmilch

225 g Blaubeeren

2 TL Zucker

½ TL Zimt, gemahlen

½ TL Mandelextrakt

4 EL Mandeln, gehackt

8 EL Mandelmilch

2 TL brauner Zucker

2 TL Zitronenabrieb

½ TL Salz

Zubereitung:

In einen Kochtopf das Quinoa, die Mandelmilch, das Wasser, den Zucker, den Zimt, das Extrakt und das Salz geben und bei mittlerer Hitze zum Kochen bringen. Auf niedrige Stufe stellen, abdecken und 15 Minuten köcheln lassen.

Die entstandene Masse in 4 Dessertschüssel gießen und jeweils die Blaubeeren, die Mandeln, die Mandelmilch, den braunen Zucker und den Zitronenabrieb drüber geben.

Frühstücksmuffins

<u>Zutaten</u> (für 20 Muffins):

90 g Quinoa, ungekocht

240 g fertige Pfannkuchenmischung

50 g Pekannüsse, gehackt

1 Ei

65 g Zucker

165 ml Milch

160 g Melassesirup

250 ml Wasser

110 g Aprikosen, getrocknet

1 TL Ingwer, gemahlen

¼ TL Salz

Kochspray

<u>Zubereitung:</u>

Den Ofen auf 200°C vorheizen. Das Quinoa im Wasser in einem Topf zum Kochen bringen. Abdecken und auf niedrige Stufe stellen. 20 Minuten köcheln lassen und beiseite legen.

In einer Schüssel die Pfannkuchenmischung, die Pekannüsse, den Zucker, den Ingwer und das Salz vermischen. Die Milch, das Ei und den Melassesirup hinzufügen. Die Mischung nun mit der Quinoa vermengen.

Das Muffinblech einfetten oder mit Förmchen auslegen und mit der Mischung befüllen. Etwa 12 Minuten im Ofen backen oder bis die Muffins durch und goldgelb sind.

Quinoamuffins mit Banane

Zutaten (für 12 Muffins):

120 g Mehl

90 g Quinoa

2 reife Bananen, zerdrückt

50 g Zucker

125 ml Milch

1 Ei

3 EL Sonnenblumenöl

1 TL Vanille

1 EL Backpulver

½ TL Zimt, gemahlen

½ TL Salz

Zubereitung:

Den Ofen auf 170°C vorheizen.

Alle feuchten Zutaten miteinander vermischen und gut durchmixen. In einer anderen Schüssel die trockenen Zutaten miteinander vermengen. Langsam die trockenen Zutaten unter die feuchten mischen und dabei sanft rühren.

Ein Muffinblech einfetten oder mit Förmchen auslegen und mit dem Teig befüllen. 15 Minuten im Ofen backen oder so lange bis ein Zahnstocher sauber aus dem Muffin kommt.

Deftige Frühstücksquesadillas

Zutaten (für 4 Portionen):

50 g Quinoa

4 Vollkorntortillas

225 g Käse (vorzugsweise Cheddar), gerieben

75 g Brokkoli, grob geschnitten

2 TL Olivenöl

Salz und Pfeffer

Zubereitung:

Die Anleitung auf der Packung befolgen und so das Quinoa kochen.

In einer Schüssel den Käse, den Brokkoli und das gekochte Quinoa miteinander vermischen und mit Salz und Pfeffer abschmecken. Die Quinoamischung in die Tortillas geben und beiseite stellen. In einer Bratpfanne auf dem Olivenöl bei mittlerer Hitze die Tortillas für jeweils 3 Minuten von jeder Seite braten oder bis der Käse geschmolzen ist.

Quinoaflocken

<u>*Zutaten*</u> *(für 24 Portionen):*

360 g Quinoa

3 Eier

80 g Ahornsirup

½ TL Zimt, gemahlen

1 Apfel, geschält und entkernt

Salz

<u>*Zubereitung:*</u>

Den Ofen auf 170°C vorheizen.

Ein Muffinblech mit Öl bepinseln und beiseite stellen. Alle Zutaten in eine Schüssel geben und gut miteinander vermischen. Die Mischung in die Förmchen gießen und etwa 12 Minuten im Ofen backen. Vor dem Servieren etwa 5 Minuten abkühlen lassen.

Cremiger Bananenpudding

Zutaten (für 4 Portionen):

180 g Quinoa

500 ml Wasser

3 reife Bananen

750 ml Milch

4 EL Zucker

1 TL Vanilleextrakt

Zubereitung:

Nach Packungsanleitung das Quinoa gründlich waschen und kochen. Wenn es fertig ist, vom Herd nehmen und beiseite stellen. In einer Schüssel den Zucker, die Milch und die Bananen mixen bis eine sämige Masse entsteht. Zum abgekühlten Quinoa geben und alles zusammen wieder bei mittlerer Hitze aufkochen lassen und rühren bis die Konsistenz cremig geworden ist. Den Vanilleextrakt einmischen und warm servieren.

Süßes Quinoa mit Rosinen

Zutaten (für 2 Portionen):

90 g Quinoa

250 ml Milch

2-3 EL Honig, wahlweise

1 TL Zimt, gemahlen

½ RL Vanille

½ TL Leinsamenschrot

2 EL Walnüsse oder Mandeln, gehackt

2 EL Rosinen

Zubereitung:

Das Quinoa waschen und abtropfen lassen. Zusammen mit der Milch in einen kleinen Topf geben und aufkochen lassen. Den Zimt und die Vanille hinzufügen. Auf niedrigere Stufe stellen und etwa 15 Minuten bei häufigem Rühren köcheln lassen. Wenn es gekocht ist, die Mischung in 2 Schüsseln teilen und mit Honig, Leinsamen schrot, Rosinen und Nüssen toppen.

Beeriges Quinoafrühstück

<u>Zutaten</u> (für 2 Portionen):

90 g Quinoa

250 ml Milch

75 g frische Blaubeeren oder Himbeeren

1 EL Walnüsse oder Mandeln, gehackt

<u>Zubereitung:</u>

Das Quinoa nach Packungsanleitung waschen und abtropfen lassen. Mit der Milch in eine kleine Pfanne geben und aufkochen lassen. Die Hitze reduzieren und etwa 15 Minuten köcheln lassen. Wenn es fertiggekocht ist, die Nüsse und den Zimt dazugeben. In zwei Schüsseln teilen und mit den frischen Beeren garnieren.

Obstsalat mit Quinoa

Zutaten (für 2 Portionen):

45 g Quinoa

1 Apfel, in Würfel geschnitten

2 Pfirsiche, in Würfel geschnitten

75 g Erdbeeren, in Scheiben geschnitten

2 EL Honig

1 TL Zimt, gemahlen

1 EL Zitronensaft

2 EL Chiasamen

Zubereitung:

Das Quinoa nach Packungsanleitung waschen und kochen. Das Obst schneiden und in eine tiefe Schüssel geben. Wenn das Quinoa gekocht und abgekühlt ist, ebenfalls in die Schüssel geben. Den Zitronensaft, den Honig und den Zimt miteinander vermischen und in den Obstsalat geben. Ordentlich mischen. Vor dem Servieren mit Chiasamen bestreuen.

Salate, Suppen und andere Vorspeisen

Quinoa-Gurken-Salat - Vegan

Zutaten (für 6 Portionen):

225 g Quinoa-Samen, abgespült

1 Gurke, geschält und gewürfelt

115 g schwarze Oliven, entkernt und halbiert

2 EL Zitronensaft

2 EL Olivenöl

115 g Dill, fein gehackt

Salz und Pfeffer nach Geschmack

Zubereitung:

Das Quinoa gut unter laufendem Wasser abwaschen und im Sieb abtropfen lassen. Das Quinoa und 480 ml kaltes Wasser in einen Topf geben und auf höchster Stufe aufkochen. Danach auf kleiner Stufe für 15 Minuten köcheln lassen. Für 10 Minuten abgedeckt beiseite stellen und danach in eine große Schüssel geben und den Dill, die Gurke und die Oliven hinzufügen. Das Dressing mit dem Zitronensaft, dem Olivenöl, Salz und Pfeffer vorbereiten und über den Salat gießen.

Quinoa, Blauschimmelkäse und Avocado Salat – Vegetarisch

Zutaten (für 4-5 Portionen):

115 g Quinoa

1 Avocado, geschält und gewürfelt

2 Tomaten, gewürfelt

225 g junger Spinat, gewaschen und getrocknet

2-3 Frühlingszwiebeln, fein geschnitten

100 g Blauschimmelkäse, fein gewürfelt

2 EL Zitronensaft

2 EL Olivenöl

Salz nach Geschmack

Zubereitung:

Quinoa waschen und kochen, ziehen lassen und in eine große Schüssel geben. Den jungen Spinat unter die abgekühlten Quinoasamen mischen und die Tomaten, die Frühlingszwiebeln, die Avocado und den Blauschimmelkäse hinzufügen. Mit Salz würzen und den Zitronensaft und das Olivenöl darübergeben.

Italienischer Hähnchensalat mit Quinoa

Zutaten (für 4 Portionen):

225 g Quinoa, gekocht

2 gebratene oder pochierte Hähnchenbrüste, in Streifen geschnitten

2 gelbe oder orange Paprika, in dünne Streifen geschnitten

1 kleine rote Zwiebel, dünn geschnitten

1 mittelgroße Stange Sellerie, geschnitten

55 g Mandelsplitter, geröstet

Zitronensaft und Senf nach Belieben

115 g Parmesan

60 ml Olivenöl

1 EL Zucker

Salz und Pfeffer nach Belieben

Zubereitung:

Die Paprika, die Zwiebel, den Sellerie, das Hähnchen und das Quinoa in eine Schüssel geben und vermischen. Das Dressing zubereiten, indem Sie das Olivenöl, den Zitronensaft, den Senf, den Zucker, Salz und Pfeffer mischen. Gießen Sie das Dressing über den Salat und verrühren Sie alles gut. Zum Schluss noch mit Mandelsplittern und Parmesan garnieren.

Rote Beete-Quinoa-Salat – Vegan

Zutaten (für 4 Portionen):

225 g Quinoa, gekocht

2-3 kleine rote Beete, geschält

3-4 Frühlingszwiebeln, fein geschnitten

3 Knoblauchzehen, zerdrückt

2 EL Rotweinessig

2-3 EL Sonnenblumenöl

Salz nach Belieben

Zubereitung

Die rote Beete 12-15 Minuten dünsten, bis sie weich ist. Nach dem Abkühlen die rote Beete reiben und in eine Salatschüssel geben. Den gepressten Knoblauch und die Frühlingszwiebeln hinzugeben und alles vermischen. Das Ganze mit Salz, Essig und Sonnenblumenöl würzen und im Anschluss das Quinoa hinzugeben.

Schwarze Bohnen-Quinoa-Salat

Zutaten (für 6 Portionen):

225 g Quinoa, gekocht

1 Dose schwarze Bohnen, abgegossen und gekocht

115 g Mais, gekocht

1 rote Paprika, gewürfelt

4 Frühlingszwiebeln, gehackt

1 Knoblauchzehe, gepresst

2 EL Zitronensaft

½ EL getrocknete Minze

1 EL Apfelessig

½ TL Salz

4 EL Öl

Pfeffer nach Belieben

Zubereitung:

Die Bohnen, den Mais, die Paprika, die Frühlingszwiebeln und den Knoblauch in eine Schüssel geben. Den Essig und den Pfeffer dazugeben und die abgekühlte Quinoa unterrühren. In einer separaten Schüssel den Zitronensaft mit dem Salz, der Minze und dem Öl vermengen und danach über den Salat geben. Gut umrühren und servieren.

Schinken-Quinoa-Salat

Zutaten (für 6 Portionen):

115 g Quinoa, gekocht

2 Karotten, gekocht und gewürfelt

½ Dose Erbsen, abgetropft

300 g Schinken, gewürfelt

3-4 saure Gurken, gehackt

60 ml Mayonnaise

Salz nach Belieben

Zubereitung:

Den Schinken, die Gurken und die Erbsen in eine Schüssel geben. Gut vermischen, das gekochte Quinoa und die gekochten Karotten dazugeben und mit der Mayonnaise vermengen. Kalt servieren.

Thai-Salat

Zutaten (für 4 Portionen):

225 g Quinoa, gekocht

55 g Koriander, gehackt

1 rote Paprika, gewürfelt

1 Karotte, geschält und gewürfelt

1 Gurke, entkernt und gewürfelt

2 Frühlingszwiebeln, geschnitten

2 EL Minze

Für das Dressing:

2 EL Zucker

60 ml Saft einer Limette

½ TL Sojasoße

½ EL Pflanzenöl

¼ TL Pfeffer

Zubereitung:

Für das Dressing verquirlen Sie in einem Gefäß den Pfeffer, den Zucker, das Öl, die Sojasoße und den Limettensaft. In einer Schüssel vermischen

Sie die restlichen Zutaten für den Salat und stellen beide Gefäße in den Kühlschrank. Den Salat kalt servieren.

Pilaf

__Zutaten__ (für 4 Portionen):

225 g Quinoa

55 g Ziegenkäse

1 Grünkohl

1 Zitrone

2 Frühlingszwiebeln

1 EL Walnussöl

3 EL Pinienkerne

Salz und Pfeffer nach Belieben

__Zubereitung:__

480 ml Salzwasser zum Kochen bringen, das Quinoa dazugeben und für 10 Minuten köcheln lassen. Danach den Kohl dazugeben und weitere 5 Minuten köcheln lassen. In einer großen Schüssel den Saft einer halben Zitrone, die Frühlingszwiebeln, etwas geriebene Zitronenschale, die Pinienkerne, den Ziegenkäse und das Öl vermengen. Danach die Quinoasamen mit dem Kohl und der Zitronenmischung verrühren und mit Salz und Pfeffer abschmecken.

Mexikanische Quinoa-Suppe – Vegan

Zutaten (für 4 Portionen):

115 g Quinoa

¼ EL Cayennepfeffer

¼ EL Koriander-Samen

¼ EL Kumin

¼ EL Kurkuma

1 EL Salz

Zubereitung:

Das Quinoa ganz normal zubereiten, jedoch während des Kochens die Gewürze hinzugeben. Nach und nach etwas mehr Wasser zufügen, bis die Suppe die gewünschte Konsistenz erreicht hat. Anschließend das Quinoa in Schüsseln verteilen und Salz drüberstreuen.

Quinoa mit gerösteten Tomaten und Pesto – Vegetarisch

<u>Zutaten</u> (für 6 Portionen):

<u>Für den Salat:</u>

225 g Quinoa

150 g Cherrytomaten, zum Rösten

200 g Cherrytomaten, frisch

1 Avocado, geschält und gewürfelt

115 g schwarze Oliven, entsteint

150 g Mozzarella Käse, in kleine Würfel geschnitten

<u>Für das Pesto:</u>

1 Knoblauchzehe

½ EL Salz

115 g Walnüsse, geröstet

100 g Basilikum

1 EL Zitronensaft

1 EL Senf

4-6 EL Olivenöl

1 EL Bohnenkraut

Zubereitung:

Ofen auf 180°C vorheizen. Backblech mit Backpapier auslegen. Die Tomaten waschen und abtupfen und sie mit Olivenöl und Gewürzen bestreuen. In den Ofen geben und 20-30 Minuten rösten lassen. Zwischendurch wenden, bis sie braun sind. Danach mit Salz bestreuen. Währenddessen Quinoa zubereiten.

Für das Pesto zunächst den Knoblauch, die Walnüsse und ½ TL Salz in den Mixer geben. Bohnenkraut, Basilikum, Senf und Zitronensaft zufügen und bis zur gewünschten Konsistenz mixen. Olivenöl nach und nach hinzugeben, bis das Pesto leicht und cremig ist.

Quinoa, geröstete Tomaten, frische Tomaten, Avocado, Oliven und Mozzarella Stückchen in eine große Schüssel geben und das Pesto gleichmäßig darauf verteilen.

Quinoa-Champignon-Salat – Vegan

Zutaten (für 4-5 Portionen):

225 g Quinoa

480 ml Gemüsebrühe

1 EL Sonnenblumenöl

2-3 Frühlingszwiebeln, geschnitten

1 Knoblauchzehe

10 weiße Champignons, in Scheiben geschnitten

1-2 Zweige frischer Rosmarin, nur die Blätter

115 g in Öl eingelegte, getrocknete Tomaten, geschnitten

2 EL Olivenöl

Salz und Pfeffer nach Belieben

100 g Petersilie, fein geschnitten zum Servieren

Zubereitung:

Das Quinoa in Gemüsebrühe (statt in Wasser) zubereiten. Das Sonnenblumenöl in einer Bratpfanne erhitzen und die Frühlingszwiebeln darin kurz anbraten. Danach den Knoblauch hinzugeben und ebenfalls anbraten. Nun die Pilze hinzufügen und mit Olivenöl, Salz und Pfeffer vorsichtig verrühren. Zuletzt den Rosmarin zugeben und die Pilze nun unter Umrühren braten, bis sie weich sind. In einer Schüssel mit den Quinoasamen und den getrockneten Tomaten vermischen und mit frisch geschnittener Petersilie servieren.

Lauch-Quinoa-Kartoffelsuppe – Vegan

Zutaten *(für 6 Portionen):*

115 g Quinoa

2-3 Kartoffeln, gewürfelt

1 kleine Zwiebel, geschnitten

1 Lauchstange, länglich halbiert und geschnitten

3 EL Olivenöl

Zitronensaft nach Belieben

Zubereitung:

Das Olivenöl in einem Suppentopf auf mittlerer Stufe erhitzen und die Zwiebel darin 2 Minuten anbraten. Den Lauch und die Kartoffeln hinzugeben, umrühren und ein paar Minuten anbraten. 920 ml Wasser dazugeben, aufkochen, Hitze reduzieren und 5 Minuten köcheln lassen. Sehr gut abgewaschene Quinosamen hinzufügen und weitere 10 Minuten köcheln lassen. Nach Belieben mit Zitronensaft abschmecken.

Griechische Zitronenhähnchen-Suppe

<u>Zutaten</u> *(für 3-5 Portionen):*

300 g Hähnchenbrustfilet, gewürfelt

75 g Quinoa

720 ml Geflügelbrühe

1 Zwiebel, in feine Würfel geschnitten

2 Eier

4 EL Olivenöl

120 ml frischer Zitronensaft

1 EL Salz

½ EL schwarzer Pfeffer

100 g Petersilie, fein geschnitten

<u>Zubereitung:</u>

Das Olivenöl in einem mittelgroßen Topf erhitzen und die Zwiebeln darin anbraten, bis sie weich und transparent sind. Die Geflügelbrühe, 240 ml Wasser, die Hähnchenbrust und dasQuinoa dazugeben. Aufkochen und bei geringer Hitze 20 Minuten köcheln lassen, bis das Hähnchen durch ist. In einer kleinen Schüssel die Eier und den Zitronensaft verrühren. 2 Tassen Geflügelbrühe langsam zu den Eiern geben und ununterbrochen umrühren. Wenn die gesamte

Brühe komplett untergerührt ist, die Eier-Mischung in den Suppentopf geben und gut umrühren. Nicht weiter kochen lassen. Das Ganze mit Salz und Pfeffer würzen und mit Petersilie garnieren. Heiß servieren!

Schwarze Linsen mit Quinoa

Zutaten *(für 8 Portionen)*

225 g Quinoa, gekocht

225 g schwarze Linsen

Salatblätter nach Belieben (zur Garnitur)

2 Tomaten, gewürfelt

2 Avocados, gewürfelt

3 EL Balsamico Essig

1 EL Honig

1 TL Senf

60 ml Olivenöl

Salz und Pfeffer nach Belieben

Zubereitung:

Das Quinoa kochen und beiseitestellen. Die Linsen mit 4 Tassen Wasser in einem Kochtopf für 20 Minuten kochen und anschließend das Wasser abgießen. Währenddessen in einem kleinen Gefäß den Balsamico, den Honig, den Senf, das Öl sowie Salz und Pfeffer vermischen. Nun die Salatblätter, die Tomaten und die Avocado auf einem Teller anrichten. Nun das Quinoa mit den Linsen und dem Dressing vermischen und die

Mischung auf der Garnitur aus Salatblättern, Tomaten und Avocado verteilen.

Quinoa-Salat mit Mandarinen

Zutaten (für 4 Portionen):

190 g Quinoa (Vollkorn, ungekocht, organisch)

1 TL Süßstoff

2 EL Sesamöl

50 ml Olivenöl

1 EL Essig (Balsamico)

150 g Mandarinen

75 g Paprika, gehackt

60 g Fetakäse, zerbröselt

20 g Petersilie, frisch, gehackt

40 g Frühlingszwiebeln, geschnitten

Zubereitung:

Das Quinoa nach Packungsanleitung zubereiten. Abtropfen lassen und in eine große Schüssel geben. In einer mittelgroßen Schüssel währenddessen den Süßstoff, Salz und Pfeffer, das Sesamöl und den Essig miteinander vermischen. Diese Mischung in die Schüssel mit dem Quinoa geben. Rühren bis alles gut miteinander vermengt ist. Die Mandarinen, die Paprika, den Fetakäse, die Petersilie und die Frühlingszwiebeln dazugeben. In den Kühlschrank stellen und gekühlt servieren.

Quinoa-Salat mit Süßkartoffeln

<u>Zutaten</u> *(für 2 Portionen):*

1 mittelgroße Süßkartoffel, geschält und gewürfelt

1 EL Olivenöl

90 g Quinoa, gekocht

250 ml Wasser

70 g Fetakäse

2 EL Basilikum, frisch

Salz und Pfeffer nach Belieben

<u>Zubereitung:</u>

Den Ofen auf 220°C vorheizen. Die Kartoffelwürfel in eine große Schüssel geben und mit Salz und Pfeffer bestreuen. ½ TL des Olivenöls dazugeben und alles gut verrühren. Die Süßkartoffelwürfel in ein Backblech geben und für etwa 35 Minuten im Ofen backen.

Das Quinoa in einen mittelgroßen Topf geben und zusammen mit dem Wasser aufkochen lassen. Die Hitze reduzieren und etwa 15 Minuten köcheln lassen. Nach dem Abkühlen und Abtropfen in eine große Servierschüssel geben.

Die Kartoffeln aus dem Ofen nehmen und mit dem Quinoa vermischen. Den Fetakäse und das Basilikum dazugeben und schwenken. Das verbliebene Olivenöl, Salz und Pfeffer dazugeben und vor dem Servieren nochmals schwenken.

Quinoa-Artischocken-Salat

Zutaten (für 8 Portionen):

1 EL Olivenöl

½ TL Thymian, frisch, gehackt

150 Zwiebeln, gehackt

250 g Artischockenherzen

250 ml Geflügelbrühe, fettarm

90 g Quinoa, ungekocht

¼ TL Salz

20 g Petersilie, frisch, gehackt

5 TL Zitronenabrieb

Zubereitung:

In eine mittelgroße Pfanne das Öl geben und auf mittlere Hitze stellen. Den Thymian und die Zwiebeln rein geben und etwa 5 Minuten köcheln lassen. Nach den 5 Minuten die Artischockenherzen dazugeben und weitere 2 Minuten kochen lassen. Die Brühe und das Quinoa dazugeben und etwas köcheln lassen. Danach abdecken und etwa 18 Minuten kochen lassen. Den Topf vom Herd nehmen und das Salz, den Saft, die Petersilie und den Zitronenabrieb dazugeben. Alles gut miteinander verrühren.

Quinoa-Salat mit Zitronennote

Zutaten (für 4 Portionen):

500 ml Wasser

190 g Quinoa, gekocht

Abrieb einer Zitronenschale

50 g Sesampaste

1 Knoblauchzehe, zerdrückt und zerkleinert

2 EL Olivenöl

60 ml Zitronensaft

1 TL heißes Wasser

1 TL Meersalz

½ Zwiebel, gehackt

30 g Koriander, gehackt

1 Dose Kichererbsen

Zubereitung:

Das Wasser und das Quinoa in eine mittelgroße Pfanne geben. Bei mittlerer Hitze erwärmen und aufkochen lassen. Die Hitze reduzieren und etwa 15 Minuten köcheln lassen. Abtropfen lassen und beiseite stellen.

In einer kleinen Schüssel den Zitronenabrieb, die Sesampaste, den Knoblauch, das Olivenöl und den Zitronensaft miteinander vermischen und dann das Salz und das heiße Wasser dazugeben. Wieder vermischen. Die Zwiebeln, den Koriander und die Kichererbsen mit dem abgetropften Quinoa in eine große Servierschüssel geben. Etwa die Hälfte des Dressings drüber geben und schwenken, bis alles ebenmäßig verteilt ist. Den Rest des Dressings zum Salat servieren.

Quinoa-Salat mit Biss

Zutaten (für 6 Portionen):

3 große Karotten, in Würfel geschnitten

2 Äpfel, in Würfel geschnitten

360 g Quinoa, gekocht, abgetropft und abgekühlt

40 g Petersilie, frisch, gehackt

Rucola, nach Wunsch

70 g Apfelchutney

75 g Mandeln, gehackt

Salz nach Belieben

Zubereitung:

Die Karotten, das Quinoa, die Petersilie, das Rukola, den Chutney, die Mandeln und das Salz in eine mittelgroße Schüssel geben. Gut miteinander vermischen und dann in den Kühlschrank stellen bis der Salat gut durchgekühlt ist. Gekühlt servieren.

Frühlingshafter Salat

Zutaten (für 4 Portionen):

1 EL Koriander, gehackt

2 Frühlingszwiebeln, geschnitten

150 Tomaten, in Würfel geschnitten

Salz und Pfeffer

Abrieb einer Zitronenschale

¼ TL Knoblauchpulver

50 ml Pflanzenöl

2 EL Zitronensaft

80 g Linsen

1 TL Dijonsenf

800 ml Wasser

90 g Quinoa

Zubereitung:

Das Quinoa abwaschen und abtropfen lassen. In einem mikrowellengeeigneten Gefäß abgedeckt in 800 ml Wasser auf höchster Stufe für etwa 9 Minuten kochen lassen. 2 Minuten stehen und abkühlen lassen und mit einer Gabel mischen. Das Quinoa sollte al Dente gekocht sein.

Die Linsen abwaschen und in einem halben Liter Wasser etwa eine halbe Stunde köcheln lassen. Die Flüssigkeit ausschütten und zum Abkühlen beiseite stellen.

In einer Schüssel den Essig und den Senf miteinander vermischen. Salz, Pfeffer, Zitronenabrieb, Knoblauch und Öl hinzugeben und gut durchmischen. Den Koriander mit den Frühlingszwiebeln, den Tomaten, den Linsen und dem Quinoa vermischen. Dressing darüber geben und servieren.

Farbenfroher Salat

Zutaten (für 4 Portionen):

240 g Fetakäse, zerbröselt

Salz und Pfeffer

150 g Cherrytomaten, halbiert

1 Zwiebel, in Würfel geschnitten

40 g Koriander, gehackt

40 g Petersilie, gehackt

75 g Oliven

3 EL Olivenöl

Zitronensaft aus einer mittelgroßen Zitrone

2 Knoblauchzehen, zerkleinert

50 ml Essig

270 g Quinoa, ungekocht

500 ml Gemüsebrühe

750 ml Wasser

Zubereitung:

Das Quinoa für etwa 20 Minuten im Topf zusammen mit dem Wasser und der Brühe köcheln lassen und gelegentlich rühren. Wenn es gekocht ist, abtropfen und abkühlen lassen.

Das Olivenöl, den Knoblauch, den Zitronensaft und den Essig in einer Schüssel miteinander vermischen. Das Quinoa mit den Oliven, Kräutern, der Zwiebel und den Tomaten vermischen und mit dem Dressing beträufeln. Nach Belieben mit Salz und Pfeffer abschmecken und den Fetakäse drüber geben.

Feuriger Quinoa-Salat

Zutaten (für 4 Portionen):

Salz und Pfeffer

1 EL grüne Chilis, kleingeschnitten und entkernt

150 g Paprika, in Würfel geschnitten

150 g Tomaten, in Würfel geschnitten

425 g schwarze Bohnen, gekocht

2 EL Frühlingszwiebeln, kleingeschnitten

2 EL Koriander, gehackt

½ TL Kümmel, gemahlen

1 EL Zitronensaft

1 EL Olivenöl

250 ml Wasser

60 g Quinoa

Zubereitung:

Das Quinoa nach Packungsanleitung kochen und abkühlen lassen. Mit all den anderen Zutaten vermischen und mit Salz und Pfeffer abschmecken. Gekühlt servieren.

Karotten-Quinoa-Salat

Zutaten (für 8 Portionen):

Schwarze Oliven, geschnitten

Cherrytomaten

125 ml Zitronensaft

30 g Tamarisoße

50 ml Olivenöl

4 Knoblauchzehen, kleingeschnitten

150 g Sonnenblumenkerne

45 g Petersilie, gehackt

150 g Karotten, gerieben

950 g Quinoa, gekocht (für diese Menge braucht man etwa 380 g Quinoa und 1 l Wasser)

Zubereitung:

Den Knoblauch, die Kerne, die Petersilie und die Karotten mit dem gekochten, abgetropften und abgekühlten Quinoa vermischen. In einer kleinen Schüssel das Öl, die Soße und den Saft miteinander verrühren und das so entstandene Dressing über den Salat geben. Mit Oliven und Tomaten servieren.

Fleisch- und Fischgerichte

Rinderhack mit Quinoa und Rosenkohl

<u>Zutaten</u> (für 4Portionen):

200 g Rinderhack

½ kleine Zwiebel, fein gehackt

2 Knoblauchzehen, gepresst

115 g Quinoa, gekocht

115 g Süßkartoffeln, geraspelt

225 g Rosenkohl, gerieben

1 EL Olivenöl

<u>Zubereitung:</u>

Das Olivenöl in einem Topf auf mittlerer Stufe erhitzen und die Zwiebeln und den Knoblauch darin anbraten. Das Hackfleisch, die Süßkartoffeln und das Quinoa hinzufügen und umrühren. Etwas Wasser dazugeben und aufkochen lassen. Danach noch für 20 Minuten köcheln lassen, bis das Fleisch durch ist. Den Rosenkohl unterrühren und weitere 5-6 Minuten kochen, bis das Wasser verdunstet ist. Mit Salz und Pfeffer würzen und servieren.

Mediterrane Hühnchen-Quinoa-Schmorpfanne

Zutaten *(für 4 Portionen):*

115 g Quinoa

2 Hähnchenbrustfilets, halbiert

1 Zwiebel, geschnitten

1 rote Paprika, dünn geschnitten

480 ml Tomatensoße

115 g schwarze entsteinte Oliven

115 g grüne entsteinte Oliven

75 g Parmesan

55 g Petersilie, geschnitten

3 EL Olivenöl

Zubereitung:

Ofen auf 180°C vorheizen. Das Öl in einer großen Pfanne auf mittlerer Stufe erhitzen. Die Hähnchenbrustfilets 4-5 Minuten von jeder Seite braten, bis sie goldbraun sind und dann in eine Schmorpfanne geben. Die Zwiebel und die Paprika unter Rühren 3-4 Minuten anbraten, bis die Zwiebel weich ist. Ebenfalls in die Schmorpfanne geben, sowie die gut gewaschenen Quinoasamen, die Tomatensoße und die Oliven. Mit Salz und Pfeffer würzen und im vorgeheizten Backofen bei 180°C 30-35 Minuten backen. Zwischendurch umrühren. Mit Parmesan und Petersilie bestreuen und weitere 3-4 Minuten backen.

Quinoa-Knoblauch-Hackbällchen

Zutaten *(für 24 Hackbällchen):*

115 g Quinoa, gewaschen

¼ TL Zimt

½ TL Oregano, getrocknet

½ TL Cayenne Pfeffer

2 große Eier, roh

115 g Zwiebel, fein gehackt

½ TL Petersilie

½ TL Paprikapulver

½ TL schwarzer Pfeffer

4 Knoblauchzehen, gepresst

450 g Hackfleisch vom Schwein

Zubereitung:

Ofen auf 220°C vorheizen. Ein Backblech mit Backpapier auslegen. In einer mittelgroßen Pfanne die Quinoasamen zubereiten und danach auskühlen lassen. Nach dem Abkühlen der Quinoasamen, den Zimt, den Oregano, den Cayenne Pfeffer, die Eier, die Zwiebeln, die Petersilie, das Paprikapulver, den schwarzen Pfeffer, den Knoblauch und das Hackfleisch zugeben und vermengen. Aus der Masse 24 Hackbällchen formen und diese auf dem Backpapier anordnen. Die Hackbällchen ca. 15 Minuten backen.

Quinoa mit Rinderhack

Zutaten (für 4 Portionen):

225 g Quinoa, gekocht

350 g Hackfleisch vom Rind

400 g Tomaten aus der Dose, gestückelt

115 g Zwiebeln, fein gehackt

30 g gemischte Kräuter

115 g Reibkäse

¼ TL Knoblauchsalz

Zubereitung:

Die Zwiebeln und das Hackfleisch bei mittlerer Hitze in einer Bratpfanne unter Rühren für 7 Minuten braten. Die Tomaten zugeben und mit den Kräutern und dem Salz bestreuen. Anschließend ein wenig Wasser (30-50ml) darüber gießen und aufkochen lassen. 5 Minuten unter ständigem Rühren kochen lassen. Das gekochte Quinoa nun in 4 kleine Schüsseln geben und die Hackfleisch-Mischung darauf verteilen. Vor dem Servieren mit Käse bestreuen.

Grillsteak vom Rind

<u>Zutaten</u> *(für 4 Portionen):*

225 g Quinoa

450 g Rumpsteak

200 g Brokkoli, in Röschen geschnitten

55 g Erbsen

1 Avocado, geschnitten

60 ml Orangensaft

2 EL Olivenöl

<u>Zubereitung:</u>

Das Quinoa zubereiten und abkühlen lassen. Die Steaks mit Olivenöl bestreichen und eine Grillpfanne auf höchster Stufe erhitzen. Die Steaks 2 Minuten scharf auf jeder Seite anbraten und anschließend in Alufolie einwickeln und zur Seite stellen. Wasser (1-2 l) in einem Topf aufkochen und die Erbsen und den Brokkoli darin garen. Anschließend die beiden Gemüse unter laufendem Wasser abspülen und zur Seite stellen. In einer weiteren Schüssel das Olivenöl und den Orangensaft vermischen. Das gekochte Quinoa mit dem Gemüse auf einen Teller geben und mit Avocado Streifen garnieren. Die Orangensaft-Mischung darüber gießen und das Ganze mit den Rumpsteaks garnieren.

Gefüllte Paprikaschoten

Zutaten (für 6 Portionen):

225 g Quinoa, gekocht

450 g fettarmes Hackfleisch vom Rind

12 Paprikaschoten

115 g Parmesankäse, gerieben

115 g Reibkäse

450 g Hüttenkäse, abgetropft

2 Knoblauchzehen, fein gehackt

150 g Zwiebeln, fein gehackt

100 g Champignons, in Scheiben geschnitten

360 ml Tomatensoße

½ TL Oregano

½ TL Basilikum

2 TL Canola Öl

Schwarzer Pfeffer nach Belieben

Zubereitung:

Ofen auf 180°C vorheizen. Die Paprikaschoten aushöhlen, entkernen und beiseitestellen. In einer Schüssel den Hüttenkäse und den Parmesan gut verrühren und ebenfalls zur Seite stellen. Nun dasQuinoa-Samen zubereiten und beiseitestellen. Danach das Hackfleisch bei mittlerer Hitze 8 Minuten lang in Canola Öl braten und anschließend in eine Schüssel geben. In der gleichen Pfanne den Knoblauch, die Champignons und die Zwiebeln anbraten, nun das Fleisch wieder dazugeben, sowie den Oregano, das Basilikum, den schwarzen Pfeffer und die Tomatensoße nun weitere 10 Minuten kochen. Dann die Pfanne vom Herd nehmen und dasgekochte Quinoa mit der Hackfleischmasse verrühren und vorsichtig in die ausgehöhlten Paprikaschoten füllen. Zum Schluss noch Käse darüber streuen und die gefüllten Schoten auf einem mit Backpapier ausgelegten Backblech verteilen. 20 Minuten backen und heiß servieren.

Scharfes Cajun-Hähnchen

Zutaten (für 4 Portionen):

225 g Quinoa

4 Hähnchenbrustfilets

480 ml Geflügelbrühe

1 EL Cajun Gewürzmischung

200 g Aprikosen, in Scheiben geschnitten

450 g Linsen

2 Zwiebeln

1 Bund Frühlingszwiebeln, fein gehackt

1 Bund Koriander, fein gehackt

1 EL Olivenöl

Zubereitung:

Ofen auf 200°C vorheizen. Die Hähnchenfilets in kleine Stücke schneiden und in eine Schüssel geben. Das Cajun Gewürz darüber streuen und das Ganze auf einem mit Backpapier belegten Backblech verteilen und 20 Minuten im Ofen backen. Danach zur Seite stellen. Jetzt die Quinoasamen in der Geflügelbrühe zubereiten und zum Schluss noch die Linsen und die Aprikosen für 5 Minuten mit köcheln lassen. Danach die Hähnchenstücke mit der Quinoa-Masse vermengen und beiseite stellen. Zum Schluss noch bei mittlerer Hitze die Zwiebeln im Öl 10 Minuten lang anbraten und zu der Menge hinzugeben. Koriander darüber streuen und servieren.

Knoblauch-Hähnchen

Zutaten (für 4 Portionen):

225 g Quinoa

450 g Hühnerbrustfilet, in Würfel geschnitten

480 ml Geflügelbrühe

4 EL Olivenöl

20 Basilikumblätter

1 Zwiebel

1 gelbe Paprika

1 grüne Paprika

2 EL Knoblauch, gepresst

Salz und Pfeffer nach Belieben

Zubereitung:

Das Quinoa in Geflügelbrühe zubereiten. Währenddessen das Öl in einer Bratpfanne auf mittlerer Stufe erhitzen und die Hähnchenwürfel zugeben und 5 Minuten braten. Danach das Gemüse dazugeben und weitere 2 Minuten braten. Anschließend Salz, Pfeffer und Knoblauch zugeben und noch einmal 2 Minuten braten. Nun die Quinoasamen auf Tellern verteilen und dazu das Hähnchen servieren. Die Basilikumblätter zum Garnieren verwenden.

Hähnchen asiatischer Art

<u>Zutaten</u> (für 4 Portionen):

115 g Quinoa

200 g Grillhähnchen, zerkleinert

225 g Erbsen

225 g Karotten, klein geschnitten

3 Frühlingszwiebeln, geschnitten

4 EL Pflanzenöl

1 TL Ingwer, gerieben

2 Knoblauchzehen, gehackt

60 ml Zitronensaft

2 TL Sesamöl

2 EL Sojasoße

1 TL schwarze Sesamkörner

<u>Zubereitung:</u>

Das Quinoa zubereiten. Währenddessen das Pflanzenöl in einer Bratpfanne auf mittlerer Stufe erhitzen und den Knoblauch, die Frühlingszwiebeln und den Ingwer anbraten. Die Pfanne vom Herd nehmen, die Sojasoße hinzufügen, sowie das Sesamöl und den Zitronensaft und beiseite stellen. Das Hähnchen, die Karotten, die Erbsen und die Quinoasamen in eine Schüssel geben und die vorbereitete Soße unterrühren. Die Sesamkörner darüber streuen und servieren.

Seelachs-Filet mit Quinoa, Zucchini und Bohnen

<u>Zutaten</u> (für 4 Portionen):

225 g Quinoa

4 Seelachsfilets

240 ml Geflügelbrühe

1 EL Olivenöl

½ Zitrone

1 Zucchini, gewürfelt

1 Zwiebel, geschnitten

2 Tassen Bohnen

100 g getrocknete Tomaten

2 EL Pinienkerne

1 EL Butter

1 Knoblauchzehe, gepresst

Salz und Pfeffer nach Belieben

<u>Zubereitung:</u>

Den Fisch säubern, mit etwas Zitrone beträufeln und mit Salz und Pfeffer würzen. Eine Pfanne auf höchster Stufe erhitzen, das Öl und die Hälfte der

Butter zufügen. Den Fisch 1 Minute von jeder Seite anbraten und danach in Alufolie wickeln und beiseitestellen. Die übrige Butter in die Pfanne geben und das Quinoa, den Knoblauch, die Zwiebeln und die Zucchini für 2 Minuten braten. Die Geflügelbrühe darüber gießen und aufkochen lassen. Danach bei geringer Hitze noch 12 Minuten köcheln lassen und die Bohnen hinzugeben. Hitze verringern, den Fisch auf das Gemüse geben, mit dem Bratensaft übergießen und weitere 5 Minuten kochen. Das Ganze auf einen Teller geben und mit den getrockneten Tomaten garnieren. Den Rest der Zitrone darüber träufeln und die Kerne darüber streuen.

Fisch in Senfsoße

Zutaten *(für 4 Portionen):*

225 g Quinoa

100 g weiße Fischfilets

240 ml Geflügelbrühe

1 EL Olivenöl

1 Zitrone

1 EL Dill

1 EL Parmesan

60 ml Senf

120 ml Naturjoghurt

Salz und Pfeffer nach Belieben

Zubereitung:

Ofen auf 220°C vorheizen. 240 ml Wasser und die Geflügelbrühe bei mittlerer Hitze zum Kochen bringen. Das Quinoa und Salz hinzufügen, aufkochen und danach die Hitze reduzieren. Den Topf zudecken und dasQuinoa unter gelegentlichem Rühren 15 Minuten köcheln lassen. Das Olivenöl hinzugeben, sowie ½ EL Zitronensaft, Salz und Pfeffer, umrühren und anschließend in eine Schüssel geben. Den Joghurt, den Senf, Salz,

Pfeffer und den Saft der Zitrone zufügen, umrühren und zur Seite stellen.

Die Fischfilets auf einem mit Backpapier ausgelegten Backblech verteilen, mit der Joghurt-Soße übergießen, mit Salz und Pfeffer würzen und mit Parmesan bestreuen. 10 Minuten backen, danach anrichten und mit Dill garnieren.

Quinoa-Zwiebel-Schrimp-Mix

Zutaten (für 4 Portionen):

225 g Quinoa

4 EL Olivenöl

½ grüne Paprika, gewürfelt

1 rote Zwiebel, gewürfelt

1 EL Ingwer, frisch, gehackt

55 g Rosinen

70 g Champignons, frisch, in Scheiben

6 Spargelstangen, frisch, geschält

Salz und Pfeffer nach Bedarf

450 g mittelgroße Schrimps, geschält

Saft einer Limette

115 g Petersilie, gehackt

Zubereitung:

360 ml Wasser in einem großen Topf aufkochen lassen. Das Quinoa hineingeben, bedeckt 15 Minuten köcheln lassen und beiseitestellen. Danach 2 EL Öl in einer großen Pfanne bei mittlerer Hitze erwärmen. Die grüne Paprika, sowie die Zwiebel dazugeben und ein paar Minuten anbra-

ten. Nun den Ingwer, die Rosinen, die Pilze und den Spargel hinzufügen, weitere 3 Minuten braten und dann mit Pfeffer und Salz würzen. Anschließend die Schrimps dazugeben und für 5 Minuten weiter braten. Zum Schluss den Rest des Olivenöls, sowie den Limettensaft und die Quinoasamen in eine große Schüssel geben und die Gemüse-Schrimp-Mischung dazu geben. Mit Petersilie garnieren und servieren.

Gebratener Schellfisch

Zutaten (für 4 Portionen):

225 g Quinoa

4 Schellfisch Filets

240 g Geflügelbrühe

4 Tomaten, geviertelt

250 g grüne Bohnen, zerkleinert

1 Zucchini, gewürfelt

5 EL Butter

3 EL Zitronensaft

80 ml Olivenöl

Salz und Pfeffer nach Belieben

Zubereitung:

Das Quinoa in der Geflügelbrühe zubereiten und Ofen auf 200°C vorheizen. Die Tomaten mit Öl, Salz und Pfeffer würzen, auf ein mit Backpapier ausgelegtes Backblech legen und 15 Minuten im Ofen garen. Danach Wasser in einen Topf geben und darin die Bohnen und die Zucchini für 2 Minuten kochen. Anschließend abgießen und zu den Tomaten geben und zur Seite stellen. 2 EL Butter in einer Pfanne auf mittlerer Stufe erhitzen während Sie den Fisch säubern, mit Zitronensaft beträufeln und mit Salz und Pfeffer würzen. Den Fisch 3 Minuten auf jeder Seite braten. Zum Schluss das Quinoa mit dem Fisch und dem Gemüse servieren. Den Rest der Butter zum Garnieren des Fisches verwenden.

Schweins-Fleischbällchen mit Quinoa

Zutaten (24 Portionen):

90 g Quinoa

¼ TL Zimt, gemahlen,

½ TL Oregano, getrocknet

½ TL Cayennepfeffer

2 Eier, Größe L

50 g Schalotten, in Würfel geschnitten

½ TL Petersilie, getrocknet

½ TL Paprika, gemahlen

½ TL schwarzer Pfeffer

4 Knoblauchzehen, zerdrückt

500 g Schweinehack

Zubereitung:

Den Ofen auf 220°C vorheizen. Eine Auflaufform mit Backpapier auslegen.

In einer mittelgroßen Pfanne das Quinoa bei mittlerer Hitze zum Kochen bringen. Die Hitze reduzieren und etwa 15 Minuten köcheln lassen. Vom Herd nehmen und in eine mittelgroße

Schüssel geben. Etwa 10 Minuten abkühlen lassen.

Den Zimt, den Oregano, den Cayennepfeffer, die Eier, die Schalotten, die Petersilie, die Paprika, den schwarzen Pfeffer, den Knoblauch und das Schweinehack in die Schüssel mit dem Quinoa geben. Mit den Händen miteinander vermischen und 24 Fleischbällchen aus der Masse formen. Die Bällchen in der Auflaufform auf das Backpapier legen und für etwa 15 Minuten im Ofen backen.

Rinder-Hackbällchen mit Quinoa

<u>Zutaten</u> (für 6 Portionen):

190 g Quinoa

500 g Rinderhack

50 g Zwiebeln, gewürfelt

50 g Zucchini, gerieben

50 g Karotten, gerieben

1 EL Knoblauch, fein geschnitten

2 EL Ketchup

1 EL Sojasoße

¼ TL Oregano, getrocknet

¼ TL Thymian, getrocknet

1 Ei, geschlagen

½ TL Salz

½ TL Pfeffer

<u>Zubereitung:</u>

Den Ofen auf 230°C vorheizen. Eine Auflaufform oder ein Backblech mit Backpapier auslegen. Alle Zutaten in eine Schüssel geben und mit den Händen miteinander vermischen. Anschließend 14-

16 Fleischbällchen aus der Mischung formen und sie auf das Backpapier legen. Etwa 15 Minuten im Ofen backen. Das Quinoa nach Packungsanleitung zubereiten. Jeweils eine Portion auf den Teller geben und mit den Fleischbällchen oben drauf servieren.

Bunte Rinderpfanne

Zutaten (für 4 Portionen):

190 g Quinoa, gekocht

250 g Rindfleisch zum Kochen, in Würfel geschnitten

50 ml Wasser

50 ml Milch

1 Zucchini, gewürfelt

1 Zwiebel, in Streifen geschnitten

6 Babykarotten, in Julienne geschnitten

1 TL Kümmel

500 g Flaschentomaten, geschält

1 TL Olivenöl

1 TL Paprikapulver

2 EL Sesamöl

3 El Olivenöl

Salz und Pfeffer

Zubereitung:

Eine Pfanne auf mittlere Hitze stellen und Öl, die Karotten, die Zwiebel und den Kümmel anbraten bis sie weich werden. Die Zucchini dazugeben und weitere 2 Minuten braten. Die Milch und die Tomaten hinzufügen, mit Salz und Pfeffer abschmecken und für weitere 10 Minuten köcheln lassen. Beiseite stellen.

Eine andere Pfanne auf mittlere Hitze stellen und das Rind im Sesamöl anbraten. Mit dem Paprikapulver bestreuen. 5 Minuten braten lassen und mit der Gemüsemischung zusammenfügen. Das Quinoa als Beilage servieren.

Geflügelwürstchen

Zutaten (für 4 Portionen):

190 g Quinoa

4 Stück Geflügelwurst

50 ml Weißwein

200 g Mayonnaise, fettarm

200 g Sauerrahm, fettarm

4 Anchovifilets, geschnitten

2 TL Estragonblätter

30 g Petersilie, gehackt

2 EL Schnittlauch

350 g Salatgrün

500 g Tomaten, reif und gewürfelt

1 Zwiebel

1/8 TL schwarzer Pfeffer

Zubereitung:

Den Sauerrahm, die Mayonnaise, den Weißwein, die Anchovis, den Estragon, den Schnittlauch, die Petersilie und den Pfeffer im Mixer zerkleinern und beiseite stellen. Das Quinoa nach Packungsanleitung kochen und beiseite stellen.

Eine Pfanne auf mittlere Hitze stellen und zu einem Viertel mit Wasser befüllen. Die Würste rein legen und 10 Minuten kochen. Nach dem Kochen in mundgerechte Stücke schneiden.

Das Quinoa auf den Teller legen, mit dem Grün, den Zwiebeln und Tomaten belegen und die Würste drauf legen. Mit Schnittlauch, Estragon und schwarzem Pfeffer bestreuen.

Gebratener Kabeljau

Zutaten (für 4 Portionen):

360 g Quinoa

4 Stück Kabeljaufilet

2 Karotten

150 g Strauchtomaten

1 gelbe Paprika, gewürfelt

3 Knoblauchzehen

3 EL Pinienkerne, geröstet

3 EL Koriander

1 Zwiebel

1 Zitrone

¼ TL Salz

Zubereitung:

Ofen auf 220°C vorheizen. Quinoa nach Packungsanleitung kochen.

Backblech mit Backpapier auslegen und Knoblauch, Zwiebel, Tomaten, Karotten und die gelbe Paprika darauf verteilen. Mit Salz bestreuen und 25 Minuten backen. Danach das Gemüse wenden, den Fisch darauf legen und mit Salz, Zitronensaft und Zitronenabrieb beträufeln. Weitere 20 Minuten backen. Das Quinoa als Beilage servieren und mit den Kernen und dem Koriander bestreuen.

Gebratener Seeteufel

<u>Zutaten</u> (für 4 Portionen):

60 g Quinoa

4 Seeteuefelfilets

40 g Maismehl

2 EL Olivenöl

1 EL Jalapenos

150 g grüne Paprika, gewürfelt

2 EL Knoblauch, fein geschnitten

1 EL Zitronensaft

4 Zitronenviertel

50 g Koriander, gehackt

150 g Maiskörner

150 g Tomaten, gewürfelt

40 g Frühlingszwiebeln, geschnitten

Salz und Pfeffer

Zubereitung:

Das Quinoa nach Packungsanleitung zubereiten.

Eine Pfanne bei mittlerer Hitze auf die Platte stellen. Das Maismehl in ein Gefäß geben und beiseite stellen. Den Fisch mit Salz und Pfeffer bestreuen und im Maismehl wenden. In die Pfanne legen und 4 Minuten von jeder Seite braten. Aus der Pfanne nehmen und beiseite stellen.

Öl, Knoblauch, Paprika und Jalapenos rein geben. Mit Salz und Pfeffer abschmecken und etwa 3 Minuten braten. Den Mais dazugeben und weitere 2 Minuten braten. Das Quinoa, die Zwiebel, die Tomaten und den Zitronensaft miteinander vermischen. Das Quinoa als Beilage auf dem Teller servieren und mit Zitronenvierteln garnieren.

Salat mit Meeresfrüchten

Zutaten (für 2 Portionen):

90 g Quinoa, gekocht

250 g Schrimps

3 EL Zitronensaft

¼ EL Honig

300 g Babyspinat

150 g Gurke, in Scheiben geschnitten

75 g Radieschen, in Scheiben geschnitten

75 g Erbsen

½ TL Dill

1 EL Olivenöl

½ TL Salz

½ TL Pfeffer

Zubereitung:

Das Quinoa nach Packungsanleitung zubereiten.

Eine Pfanne auf die Platte bei mittlerer Hitze stellen, mit Kochspray besprühen und die Schrimps anbraten. Mit Salz und Pfeffer abschmecken und von jeder Seite für 2 Minuten braten. Beiseite stellen.

In einer Schüssel den Honig, den Dill, das Öl, Salz und Pfeffer miteinander vermischen und die Schrimps und den Spinat hineingeben. Mit den restlichen Zutaten schwenken und servieren.

Fischstäbchen

Zutaten *(für 2 Portionen):*

3 EL Quinoa

120 g Mehl

1 Filet von einer weißen Fischsorte

1 Ei

1 EL Olivenöl

Zubereitung:

Das Fischfilet in mundgerechte Stücke schneiden. Das Ei in einer Schüssel aufschlagen. Den Fisch der Reihenfolge nach wenden im: Mehl, Ei, Quinoa. Die Herdplatte auf mittlere Hitze stellen und die Filets mit der Panade für 2 Minuten von jeder Seite braten. Nach dem Braten auf Küchenpapier legen, damit das überschüssige Fett aufgesaugt wird.

Vegetarische und Vegane Gerichte

Vegetarischer Burger

Zutaten (für 4 Portionen):

225 g Quinoa

1 Ei

55 g Korianderblätter

240 ml Gemüsebrühe

2 Scheiben Weißbrot

425 g Kichererbsen

1 TL Kreuzkümmel

1 Chilischote

1 EL Olivenöl

4 kleine Fladenbrote

Salz und Pfeffer nach Belieben

Zubereitung:

Das Quinoa 15 Minuten in der Gemüsebrühe kochen. Aus dem Weißbrot mit der Kuchenmaschine Semmelbrösel machen. Das Ei, das gekochte Quinoa, die Kichererbsen, den Koriander, den Kreuzkümmel, die Chili, Salz und Pfeffer zugeben und zu 4 Brätlingen formen. Die Brätlinge mit Öl bestreichen und auf mittlerer Stufe, 4 Minuten von jeder Seite, braten. Mit dem Fladenbrot servieren.

Mit Quinoa gefüllte Paprikaschoten

Zutaten (für 6 Portionen):

8 rote oder grüne Paprikaschoten, ausgehöhlt und entkernt

225 g Quinoa, gut abgewaschen

1 Zwiebel, fein gewürfelt

1 Tomate, fein gewürfelt

1 Bund Petersilie, gehackt

3 EL Olivenöl

1 EL Paprikapulver

Zubereitung:

Das Öl in der Pfanne erhitzen und die Zwiebel für 2-3 Minuten anbraten. Das Paprikapulver, die Quinoasamen und die gehackten Tomaten dazugeben, mit Salz und Pfeffer würzen und eine Tasse Wasser hinzugeben. Das Ganze kochen, bis das Wasser verdunstet ist. Anschließend die ausgehöhlten Paprikaschoten mit der Mischung füllen, sodass jede Paprika zu ¾ damit gefüllt ist und dann in einer ofenfesten tiefen Form anordnen. Die Form nun zur Hälfte mit Wasser füllen, zudecken und für 10 Minuten bei 180°C im Ofen lassen. Danach den Deckel abnehmen und weitere 5 Minuten im Ofen lassen. Vor dem Servieren mit der gehackten Petersilie garnieren.

Quinoa-Curry

Zutaten (für 4 Portionen):

225 g Quinoa

3 Zwiebeln, fein geschnitten

1 große Karotte, gewürfelt

1-2 Knoblauchzehen

480 ml Gemüsebrühe

3 EL Sonnenblumenöl

Salz und Pfeffer nach Belieben

1 EL Currypulver oder –Paste je nach Geschmack

Zubereitung:

Das Öl in einer großen Bratpfanne bei mittlerer Hitze erwärmen. Die Zwiebeln, den Knoblauch und die Karotte hinzugeben und 2 Minuten anbraten. Die gründlich gewaschenen Quinoasamen und die Gemüsebrühe einrühren und zum Kochen bringen. Danach die Hitze reduzieren und das Currypulver hinzufügen. Für weitere 15 Minuten köcheln lassen und nach Geschmack mit Salz und Pfeffer würzen.

Quinoa-Tomaten-Eintopf – Vegan

Zutaten (für 6-7 Portionen):

225 g Quinoa

1 große Zwiebel, fein geschnitten

1 Karotte, fein geschnitten

280 ml Tomaten, klein gewürfelt, aus der Dose

3-4 EL Olivenöl

1 TL gemischte Kräuter

1 TL Paprikapulver

115 g frische Petersilie, fein geschnitten

1 TL Zucker

Salz und Pfeffer nach Belieben

Zubereitung:

Das Quinoa gründlich abwaschen. Die Zwiebeln in einem großen Topf in Olivenöl, 4-5 Minuten, anbraten. Danach das Paprikapulver, 480 ml Wasser und die Tomaten dazugeben und umrühren. Die gemischten Kräuter, Salz, Pfeffer und etwas Zucker unterrühren, um den Eigengeschmack der Tomaten zu neutralisieren. Das Ganze aufkochen lassen und das Quinoa, sowie die Karotten dazugeben. Die Hitze dann reduzieren und 25 Minuten köcheln lassen. Wenn die gesamte Flüssigkeit verdunstet ist, Petersilie darüber streuen und servieren.

Knusprige Quinoa-Pizza – Vegetarisch

<u>Zutaten</u> (für 2-4 Portionen):

225 g Quinoa, gekocht

6 Eiweiß

8 Stangen Spargel, geschnitten

2 Knoblauchzehen

1 Zwiebel

8 große Champignons

115 g Reibkäse

Parmesan nach Belieben

<u>Zubereitung</u>

Ofen auf 180°C vorheizen. Das gekochte Quinoa mit dem Eiweiß verrühren. Die Mischung in eine große, ofenfeste Form geben, aber noch nicht in den Ofen schieben.

Zunächst den Spargel, die Champignons, den Knoblauch und die Zwiebel in einen Topf geben und bei mittlerer Hitze anbraten, bis der Knoblauch beginnt braun zu werden. Dann den Reibkäse auf die Quinoamasse geben und die Masse für wenige Minuten in den Ofen stellen, bis die Quinoamasse etwas steif wird. Nun auf der Käseschicht das angebratene Gemüse verteilen und darauf den Parmesan streuen. Dann die Form in den Ofen stellen und für circa 10 Minuten backen.

Spinat- und Linsen-Auflauf mit Quinoa - Vegan

Zutaten (für 5-6 Portionen):

115 g braune Linsen

115 g Quinoa

500 g frischer Spinat oder ein halbes Päckchen tiefgekühlten Spinat, aufgetaut

1 Zwiebel, fein geschnitten

2 mittelgroße Karotten, fein geschnitten

2 Knoblauchzehen, gehackt

3 EL Olivenöl

1 TL Paprikapulver

1 EL gemischte Kräuter

Salz und Pfeffer nach Belieben

Zubereitung:

Das Olivenöl in einem großen Topf erhitzen und die Zwiebeln und Karotten darin unter Rühren 4-5 Minuten anbraten. Den Knoblauch, das Paprikapulver, die gemischten Kräuter und die Linsen dazugeben und für eine weitere Minute anbraten. Nun 720 ml Wasser zufügen und aufkochen lassen. Danach die Hitze verringern und weitere

15 Minuten köcheln lassen. Jetzt die Quinoasamen abwaschen und in den Kopf geben. Mit Salz und Pfeffer abschmecken und gut umrühren, während Sie es erneut aufkochen lassen. Anschließend die Hitze wieder reduzieren und noch 10 Minuten köcheln lassen. Den Spinat schneiden und in den Topf geben. Noch 4-5 Minuten kochen und dann servieren.

Quinoa-Süß-Sauer - Vegetarisch

Zutaten (für 4 Portionen):

85 g Fetakäse

2 EL Olivenöl

Salz und Pfeffer nach Belieben

2 EL Petersilie, gehackt

55 g Nüsse, geröstet

Saft einer Zitrone

300 g frischer Spinat, gehackt

2 EL Rosinen

2 EL Johannisbeeren

225 g Quinoa, roh, gewaschen

2 Knoblauchzehen, gepresst

½ rote Zwiebel, gehackt

Zubereitung:

1 EL Öl in einem Topf erhitzen und die Zwiebeln und den Knoblauch darin dünsten. Das Quinoa dazugeben, 2 Minuten verrühren, 500 ml Wasser hinzufügen, sowie die Johannisbeeren und die Rosinen. Köcheln lassen und anschließend den Spinat einruhren und weitere 2 Minuten kochen.

Abkühlen lassen. Nun die Petersilie, die Nüsse und den Zitronensaft unterrühren und nach Belieben mit Salz und Pfeffer würzen. Das übrige Öl zugeben und mit gekrümeltem Feta Käse servieren.

Kürbis mit Quinoa - Vegan

Zutaten (für 4 Portionen):

2 EL frischen Schnittlauch, gehackt

½ TL Salz

225 g Quinoa

1,5 Tassen Gemüsebrühe

1 Knoblauchzehe, gepresst

1,5 TL Chilischoten, gehackt

115 g Zwiebeln, gehackt

115 g Paprika, gehackt

200 g Speisekürbis, grob zerkleinert

1 EL Olivenöl

Zubereitung:

Das Öl in einer Pfanne bei mittlerer Hitze erwärmen. Den Kürbis, den Knoblauch, die Paprika, die Chilischoten und die Zwiebel darin anbraten. Das Salz, das Quinoa, die Gemüsebrühe und 120 ml Wasser einrühren und köcheln lassen, bis es eine einheitliche Masse ergibt. Danach mit gehacktem Schnittlauch garniert servieren.

Mandel-Erbsen-Quinoa – Vegan

Zutaten (für 6 Portionen):

450 g Quinoa

75 g Mandelsplitter, geröstet

Salz nach Belieben

2 EL Pflanzenöl

350 g frische Erbsen

2 TL frische Kräuter, gehackt (Rosmarin, Thymian, Oregano)

3 Frühlingszwiebeln, dünn geschnitten

Zubereitung:

Das Quinoa in 700 ml Wasser mit den Kräutern und den Frühlingszwiebeln kochen, bis die Quinoasamen gar sind. Danach das Öl, die Erbsen und das Salz hinzufügen und verrühren. Mit den Mandelsplittern servieren.

Quinoa-Lauch-Oliveneintopf

Zutaten (für 4-6 Portionen):

500 g Lauch, zerkleinert

1 mittelgroße Zwiebel, fein gehackt

20 schwarze Oliven, entkernt und halbiert

225 g Quinoa, roh, gut gewaschen

3-4 EL Olivenöl

Salz und Pfeffer nach Belieben

Zubereitung:

Den Lauch und die Zwiebeln in einem großen Topf ca. 4-5 Minuten mit dem Olivenöl anbraten. Dann die Oliven, sowie ½ Tasse Wasser dazugeben. Die Hitze reduzieren, den Topf zudecken und das Ganze unter gelegentlichem Umrühren 10 Minuten köcheln lassen. Danach die gut abgewaschenen Quinoasamen hinzufügen und 2 Tassen lauwarmes Wasser mit in den Topf geben. Erneut aufkochen lassen und unter gelegentlichem Umrühren 15 Minuten köcheln lassen. Nach den 15 Minuten den Topf vom Herd nehmen und weitere 10 Minuten stehen lassen und mit Salz und Pfeffer abschmecken, bevor der Eintopf serviert wird.

Quinoa und Zucchini Fritten – Vegetarisch

Zutaten (für 4 Portionen):

3 Zucchini, geschält und gerieben

4 Eier

225 g Quinoa, gekocht

100 g frischen Dill, gehackt

1 TL frische Minze, gehackt

3 Knoblauchzehen, gepresst

5-6 Frühlingszwiebeln, sehr fein geschnitten

225 g Feta Käse, zerkrümelt

Salz und schwarzer Pfeffer nach Belieben

120 ml Sonnenblumenöl zum Frittieren

Nach Belieben Joghurt als Beilage

Zubereitung:

Die Zucchini in ein feines Abtropfsieb geben, mit Salz bestreuen und 15 Minuten abtropfen lassen. Nach den 15 Minuten die Zucchini in einem Tuch auswringen und in eine Schüssel geben. Das Quinoa und die anderen Zutaten (außer dem Öl) hinzugeben und gut umrühren.

Danach das Öl in einer Pfanne erhitzen. Ein paar Schöpfkellen mit der Zucchini-Quinoa-Mischung in die Pfanne geben und bei mittlerer Hitze braten. Sicherstellen, dass sich die einzelnen Häufchen nicht berühren. Jeden Klecks 3-5 Minuten braten, bis er goldbraun wird. Am besten mit Joghurt servieren.

Quinoa mit Grünkohl und Kürbis

Zutaten (für 4-5 Portionen):

190 g Quinoa

500 ml Wasser

300 g Kürbis, geschält, entkernt und in Würfel geschnitten

150 g Grünkohl, gehackt

110 g Fetakäse, zerbröselt

1 kleine Zwiebel, fein geschnitten

4-5 EL Olivenöl

1 TL Ingwerpulver

½ TL Kümmel

½ TL Salz

Zubereitung:

Den Ofen auf 170°C vorheizen. Den Kürbis in einer Auflaufform verteilen und mit 2-3 EL des Olivenöls beträufeln und mit Salz bestreuen. Schwenken, um alles zu bedecken und 15-20 Minuten backen. Zwischendurch rühren.

Das verbliebene Olivenöl in einer großen Pfanne bei mittlerer Hitze auf die Herdplatte stellen und darin die Zwiebel leicht anbraten bis sie glasig wird. Kümmel und Ingwerpulver dazugeben und unter ständigem Rühren etwa eine weitere Minute braten.

Das Quinoa gut abwaschen und abtropfen lassen. Danach mit dem Wasser in einem Topf bei mittlerer Hitze aufkochen lassen, die Temperatur dann reduzieren und etwa 15 Minuten köcheln lassen. Den Grünkohl unterrühren und mitkochen bis er weich wird. Die Quinoamischung vorsichtig mit dem Kürbis und den Zwiebel vermischen und servieren.

Gelb-braune Gemüsepfanne

Zutaten (für 4 Portionen):

190 g Quinoa, ungekocht

2 EL Zitronensaft

40 g Frühlingszwiebeln, geschnitten

1 TL Kümmel

1 TL Kakao

750 ml Geflügelbrühe

150 g Mais

100 g Paprika

½ TL Salz

Zubereitung:

Bei hoher Hitze das Quinoa in einer Pfanne kurz anrösten und beiseite stellen. Den Kümmel, das Kakao und das Salz in einen Topf mit der Gemüsebrühe geben und etwa 15 Minuten kochen lassen. Das Quinoa, den Mais und die Paprika dazugeben und weitere 2 Minuten kochen. Zum Schluss die Frühlingszwiebeln und den Zitronensaft dazugeben und servieren.

Quinoa mit Rosenkohl

Zutaten (für 4 Portionen):

190 g Quinoa

320 ml Wasser

500 g Rosenkohl

1 EL Olivenöl

Abrieb von 4 Klementinen

Für das Dressing:

Knoblauchpulver

2 EL Essig

50 ml Olivenöl

125 ml Granatapfelsaft

Salz und Pfeffer

Zubereitung:

Den Ofen auf 220°C vorheizen. In einem Topf das Wasser zum Kochen bringen und das Quinoa hineingeben. Den Topf abdecken und für etwa 15 Minuten kochen. Den Klementinenabrieb und den Saft zum Quinoa geben. Eine Auflaufform einfetten und den Rosenkohl hineingeben. Etwa 15 Minuten im Ofen backen. Wenn fertig, beides miteinander vermischen und das Dressing drüber geben.

Quinoa-Tomaten-Eintopf

<u>Zutaten</u> *(für 6-7 Portionen):*

190 g Quinoa

500 ml Wasser

1 große Zwiebel, geschnitten

1 Karotte, geschnitten

300 g Tomaten, in Würfel geschnitten oder aus der Dose

3-4 EL Olivenöl

1 TL Sommerbohnenkraut

1 TL Paprikapulver

40 g Petersilie, frisch und fein geschnitten

1 TL Zucker

<u>Zubereitung:</u>

Das Quinoa waschen und abtropfen lassen. In einem großen Topf die Zwiebeln und die Karotte etwa 4-5 Minuten im Olivenöl dünsten. Das Paprikapulver dazugeben und umrühren. Das Wasser und die Tomaten dazugeben. Gut miteinander verrühren und mit Salz, Pfeffer, Sommerbohnenkraut und dem Zucker wurzen. Zum Kochen bringen und das Quinoa dazugeben. Die Hitze reduzieren und etwa 25 Minuten köcheln lassen. Wenn alle Flüssigkeit verdampft ist, mit Petersilie bestreuen und servieren.

Bärlaucheintopf mit Quinoa und Oliven

Zutaten (für 4-6 Portionen):

800 g Bärlauch, geschnitten

1 mittelgroße Zwiebel, geschnitten

20 schwarze Oliven, entkernt und halbiert

190 g Quinoa

650 ml Wasser

3-4 EL Olivenöl

Salz und Pfeffer

Zubereitung:

Den Bärlauch und die Zwiebel in einem großen Topf im erhitzten Olivenöl 4-5 Minuten dünsten. Die Oliven und 125 ml Wasser hinzufügen. Die Temperatur reduzieren, den Topf abdecken und 10 Minuten kochen. Gelegentlich rühren. Das vorher gut abgewaschene Quinoa und 500 ml warmen Wassers dazugeben. Aufkochen lassen, abdecken und 15 weitere Minuten köcheln lassen. Gelegentlich rühren. Vom Herd nehmen und vor dem Servieren mindestens 10 Minuten stehen und abkühlen lassen.

Desserts

Dessert-Riegel –Vegetarisch

<u>*Zutaten*</u> *(für 24 Riegel):*

3 TL Zimt

½ TL Muskat

2 EL Aprikosen / Marillen, fein geschnitten

2 EL Kokosraspeln, getrocknet

2 Eiweiß (Eischnee)

2 EL Butter, geschmolzen

115 g Ahornzucker

2 TL Vanillekonzentrat

60 ml Ahornsirup

450 g Quinoa-Flocken

<u>*Zubereitung:*</u>

Ofen auf 180°C vorheizen und eine ofenfeste Form einfetten. Alle Zutaten, bis auf den Zimt, vermischen und in die vorbereitete Form geben. Den Zimt darauf streuen. Das Ganze 40 bis 50 Minuten backen und aus dem Ofen nehmen. Nun die Masse in Riegel schneiden und weitere 10 Minuten backen. Aus dem Ofen nehmen und abkühlen lassen.

Im Gefrierfach aufbewahrt, sind die Riegel länger haltbar.

Quinoa mit süßen Beeren –Vegetarisch

Zutaten (für 4 Portionen):

4 TL Honig

75 g Pekannüsse

½ TL Zimt

400 g Tiefkühl-Beerenmischung, aufgetaut

225 g Quinoa

240 ml Milch

Zubereitung:

Das Quinoa in der Milch und 240 ml Wasser kochen und 5 Minuten abkühlen lassen. Dann die Beeren mit dem Zimt verrühren, mit dem Honig und den Pekannüssen beträufeln und servieren.

Erdnussbutter-Schoko-Quinoa-Gebäck – Vegan

Zutaten *(für 12 Stück):*

55 g Salz

500 g Quinoa-Chips

120 ml Honig

115 g Erdnussbutter

110 g dunkle Schokolade

Zubereitung:

Die Quinoa-Chips und das Salz in einer Schüssel vermengen und fürs Erste zur Seite stellen. Den Honig und die Erdnussbutter in einem kleinen Topf bei mittlerer Hitze unter stetigem Rühren erwärmen, bis sie flüssig geworden sind. Die Mischung zu den Quinoa-Chips geben und alles zu einer einheitlichen Masse verrühren. Danach die Mischung auf einer mit Backpapier ausgelegten Backform verteilen (wie die Riegel). Das Ganze für einen Moment in den Kühlschrank stellen.

Nun die Schokolade in einem Wasserbad schmelzen und gleichmäßig über die Masse verteilen. Anschließend ungefähr 3 Stunden abkühlen lassen.

Zitronen-Honig-Kekse mit Quinoa – Vegetarisch

Zutaten (für 24 Kekse):

60 ml Apfelmus

1 Ei, geschlagen

1 TL Vanille

120 ml Honig

60 ml Kokosöl

2 Zitronen, Schale und Saft

½ TL Salz

240 g Quinoamehl

1 TL Backpulver

Zubereitung:

Ofen auf 180°C vorheizen. Mit dem Kokosöl eine Backform einfetten. Dann das Apfelmus, das geschlagene Ei, die Vanille, den Honig und das Öl in eine große Schüssel geben und die Zitronenschale, sowie den Saft der Zitrone dazugeben. Alles gut verrühren. Dann noch das Salz, das Quinoamehl und das Backpulver vermengen und ebenfalls unter die Mischung rühren. Esslöffelgroße Häufchen auf dem Backblech formen und mit einer Gabel plattdrücken. Dann ungefähr 10 Minuten backen.

Apfel-Quinoa-Parfait – Vegetarisch

Zutaten (für 2 Portionen)

1 EL brauner Zucker

1 Apfel, in Stücke geschnitten

½ TL Muskat

½ TL Salz

½ TL Zimt

55g Quinoa

240 ml griechischer Joghurt

Zubereitung:

Ofen auf 180°C vorheizen. Den braunen Zucker, die Apfelstückchen und die Hälfte vom Muskat, Salz und Zimt in eine ofenfeste Form geben und ca. 20 Minuten backen. Danach das Quinoa zubereiten und den Rest vom Zimt, Muskat und Salz zugeben. Jetzt die Äpfel aus dem Ofen nehmen und in eine kleine Schüssel geben. Den Joghurt darauf verteilen und anschließend das Quinoa.

Quinoapudding mit Vanille

<u>Zutaten</u> *(für 6 Portionen):*

800 ml Milch

60 g Honig

1 Vanilleschote, ausgekratzt (die Bohnen aufheben)

Salz

1 TL Kardamom

190 g Quinoa, ungekocht und abgetropft

1 ½ TL Maisstärke

Granatapfelkerne, nach Bedarf

Pistazien, geröstet und gehackt, nach Bedarf

<u>Zubereitung:</u>

In einen kleinen Topf 750 ml der Milch, den Honig, die Vanilleschote , das Salz und den Kardamom geben. Mit einem Schneebesen die Mischung verrühren und sicherstellen, dass sich der Honig aufgelöst hat. Das Quinoa dazugeben und ohne Abdecken für etwa 30 Minuten köcheln lassen. Dabei häufig umrühren. Die Vanilleschote raus nehmen und entsorgen. Die verblieben Milch in einer kleinen Schüssel mit der Maisstärke vermischen. So lange rühren bis es sich völlig aufgelöst hat und dann in die Quinoamischung geben. Etwa 30 Sekunden weiter köcheln lassen und vom Herd nehmen. Ca. 3 Minuten verrühren und dann zum Abkühlen stehen lassen. Mit Plastikfolie abdecken und in den Kühlschrank stellen. Die Mischung dann in 6 gleich große Schüsseln geben und mit Granatapfelkernen und Pistazien garnieren.

Quinoa-Makronen

Zutaten *(für 16 Makronen):*

190 g Quinoa

6 EL Eiweiß

40 g Honig

180 g Kokosraspeln

Salz

Zubereitung:

Das Quinoa nach Packungsanleitung zubereiten. Den Honig und das Eiweiß in eine Schüssel geben. Die Schüssel in einen Topf mit kochendem Wasser stellen und rühren bis die Masse warm und cremig wird. Aus dem Wasser nehmen. Das Salz, das Quinoa und die Kokosraspeln unterrühren. Für etwa 2 Stunden in den Kühlschrank stellen.

Den Ofen dann auf 160°C vorheizen. Etwa 2 EL der Mischung nehmen und auf dem mit Backpapier ausgelegten Blech verteilen. In Form bringen und etwa 15 Minuten backen. Vor dem Servieren etwa 10 Minuten abkühlen lassen.

Saftiger Quinoa-Schokokuchen

Zutaten (für 12 Stück):

360 g Quinoa, gekocht und abgekühlt

250 g Zucker

4 Eier

80 g Butter, geschmolzen

125 ml Joghurt

50 g Kakaopulver

1 EL Backpulver

1 TL Backnatron

½ TL Salz

110 g Schokoladenstückchen

75 g Walnüsse, gehackt

1 ½ TL Vanilleextrakt

1 TL Rum-Backaroma

Zubereitung:

Den Ofen auf 180°C vorheizen. Eine rechteckige Kuchenform einfetten.

Das Quinoa, die Butter, die Eier, den Joghurt, den Vanilleextrakt und das Rum-Backaroma in einem

Mixer miteinander vermischen bis eine geschmeidige Masse entsteht.

In einer tiefen Schüssel den Zucker, das Kakaopulver, das Backpulver, das Backnatron und das Salz miteinander vermischen. Die Quinoamischung unter die Zuckermischung rühren bis sich beides gut miteinander vermengt hat. Die Schokoladenstückchen und die Walnüsse in den Teig geben. Den Teig so in die vorbereitete Form geben und etwa 40-45 Minuten im vorgeheizten Ofen backen oder bis ein Zahnstocher sauber aus dem Kuchen kommt. Auf ein Backrost stellen und abkühlen lassen.

Knusprige Kekse mit Quinoa und Kirschen

<u>Zutaten</u> *(für 10-12 Kekse):*

190 g Quinoa, gekocht

110 g Vollkornmehl

4 EL Butter, ungesalzen, geschmolzen

40 g Honig

50 g Zucker

75 g Kirschen, getrocknet

kochendes Wasser

½ TL Backpulver

½ TL Salz

1 Ei

1 TL Vanilleextrakt

75 g Walnüsse oder Mandeln, geschnitten

<u>Zubereitung:</u>

Die getrockneten Kirschen 10 Minuten im kochenden Wasser einweichen. Abtropfen lassen und beiseite stellen. In einer mittelgroßen Schüssel das Mehl, das Backpulver und das Salz miteinander vermischen. In einer großen Schüssel die Butter, den Honig und den Zucker mixen bis eine helle und homogene Masse entsteht. Das Ei hineingeben. Vanilleextrakt hinzugeben und erneut mixen. Die Mehlmischung hinzufügen, das Quinoa, die Mandeln und die Kirschen bis alles gut miteinander vermengt ist. Den Teig abdecken und eine halbe Stunde setzen lassen.

Den Ofen auf 180°C vorheizen. Zwei Backbleche mit Backpapier auslegen. Jeweils 1 TL des Teigs in die Handfläche legen und zwischen den Händen rollen bis es kugelförmig wird. Den Teig dann mit ca. 5 cm Abstand zu einander auf den Blechen verteilen. Die Kekse um die 12 Minuten backen oder bis sie goldgelb sind.

Kekse mit Schokoladensplittern

Zutaten (für 10 Kekse):

190 g Quinoa

120 g Mehl

120 g Butter, geschmolzen

100 g Zucker

1 Ei

½ TL Backpulver

½ TL Salz

1 TL Vanillepulver

155 g Schokoladensplitter

Zubereitung:

Die Butter zusammen mit dem Zucker cremig schlagen. Das Ei und die Vanille hinzugeben und weiter mixen. Die trockenen Zutaten miteinander vermischen und sie dann langsam in die Buttermischung geben. Die Schokoladensplitter dazugeben.

Den Ofen auf 180°C vorheizen. Zwei Backbleche mit Backpapier auslegen. Jeweils 1 TL des Teigs in die Handfläche legen und zwischen den Händen rollen bis es kugelförmig wird. Den Teig dann mit ca. 5 cm Abstand zu einander auf den

Blechen verteilen. Die Kekse um die 12 Minuten backen oder bis sie goldgelb sind.

Schlusswort

Quinoa ist also ein Powerkorn, das sich für die verschiedensten Menschen mit den unterschiedlichsten Zielen und Ernährungsweisen eignet. Menschen mit Unverträglichkeiten können es genauso gut einsetzen wie Veganer, Vegetarier, oder Menschen, die einfach viel Wert auf einen gesunden und fitten Körper legen oder vielleicht gerade auf dem Weg zur Wunschfigur sind.

Sie wissen nun, dass das Wundermittel Quinoa zu Vorbeugung vieler Krankheiten und Probleme genutzt werden kann und meiner Meinung nach sollte es wirklich jeder zumindest hin und wieder in die Ernährung einbauen. Wie einfach sich das gestaltet, haben die Rezepte hoffentlich gezeigt.

Auf jeden Fall wird es mit dem Superfood niemals langweilig, denn die wahnsinnig vielen Einsatzmöglichkeiten sorgen für viel Abwechslung auf dem Teller.

An dieser Stelle möchte ich mich recht herzlich bei Ihnen bedanken, dass Sie sich die Zeit genommen haben, dieses Buch zu lesen und hoffentlich konnte es Ihnen helfen, einen Überblick über die Quinoasamen zu erhalten und diese am besten noch heute in Ihre Ernährung zu integrieren.

Also ab an den Herd und los geht's. Schenken Sie Ihrem Körper noch heute neue Kraft und Energie mit dem Powerkorn - Quinoa!

Katharina Jung

Hier eine kostenlose Vorschau auf ein Buch, das Ihnen auch gefallen könnte:

Ketogene Ernährung: Das Kochbuch - Wie Sie Ihren Körper mit der Ketogenen Diät in eine fettverbrennende Maschine verwandeln

Einleitung

Vielen Dank, dass Sie sich für mein Buch „Ketogene Ernährung: Das Kochbuch" entschieden haben. Sie werden mit Sicherheit davon profitieren. Die in diesem Buch beschriebene Ernährungsweise weist Ihnen einen gesunden und einfachen Weg, mit Spaß und Genuss Gewicht zu verlieren und Körperfett abzubauen. Sie werden sich ausgeglichener fühlen und mit körperlichem Wohlbefinden abnehmen. Die Auswahl aus 80 Rezepten wird es Ihnen einfach machen, Gerichte für Ihren persönlichen Geschmack zu zaubern. Auf diese Weise können Sie mit Vergnügen und Begeisterung Ihre Ernährung umstellen, um dauerhaft abzunehmen und schlank zu bleiben.

Bei einer normalen Ernährung nehmen wir zu viele Kohlenhydrate zu uns. Diese dienen dem Körper dann als Energiequelle und Sie verbrauchen nur wenig Fett, da Ihr Körper die Kohlenhydrate als Brennstoff nutzt. Die körpereigenen Fettreserven werden bei einer herkömmlichen Ernährung mit reichlich Kohlenhydraten also so gut wie nie angezapft.

Die ketogene Ernährung funktioniert umgekehrt: Sie nehmen große Mengen an Fett, kombiniert mit Proteinen (Eiweiß), zu sich, aber entziehen Ihrem Körper dafür die Kohlenhydrate. Dadurch wird dieser auf eingelagertes Fett als Energiereserve zurückgreifen, und Sie werden spielend leicht und gesund abnehmen. Dieser Vorgang wird durch Ketone bewerkstelligt, die bei der ketogenen Ernährung in Ihrer Leber erzeugt werden.

Die ketogene Ernährung stellt für Sie die beste vorhandene Möglichkeit zum Abnehmen dar, da sie nicht so einschränkend wie eine Diät ist, und Sie die meisten ihrer Lieblingslebensmittel weiter verzehren können.

Sie können regelrechte „Fettbomben" zu sich nehmen und trotzdem dabei abnehmen. Die ketogene Ernährung bietet eine weite Auswahl an Fleisch, Fisch, Gemüse und Nüssen. Sie müssen sich beim Verzehr von Fetten nicht einschränken, nur die Kohlenhydratzufuhr muss gedrosselt werden. Dadurch wird sich in Ihrem Körper schneller ein Sättigungsgefühl und zudem eine Ketose einstellen und Ihre Pfunde werden purzeln.

Mein Buch gibt Ihnen zunächst einen Überblick darüber, was ketogene Ernährung eigentlich ist. Danach erkläre ich Ihnen, was die Vorteile dieser Ernährung sind und was es zu beachten gibt. Es folgen Tipps für einen erfolgreichen Start. Daraufhin folgen 80 Rezepte, die das Highlight des Buchs darstellen. Sie können sich aus meinen Rezeptideen einen reichhaltigen Ernährungsplan zusammenstellen, bei dem Sie mit Genuss und Freude abnehmen werden. Am Ende des Buches wird noch auf einige Fehler hingewiesen, die Sie bei der ketogenen Ernährung vermeiden sollten.

Ich wünsche Ihnen viel Freude bei der Lektüre meines Buchs, außerdem Spaß und Genuss bei der Zubereitung und dem Verzehr der vorgeschlagenen Gerichte.

Kapitel 1: Was ist ketogene Ernährung?

Was bedeutet also „ketogene Ernährung"?

Grundsätzlich ist eine ketogene Ernährung eine Heilkost, die den Körper in einen Zustand der Ketose versetzt. Ketose ist eine gesunde und natürliche Stoffwechsellage, in der der Körper Fette verbrennt und Ketone (Zellen, die bei der Zersetzung von Fettsäuren entstehen) anstelle von Glucose (Traubenzucker / Fruchtzucker) produziert.

In seiner einfachsten Form ist die ketogene Ernährung eine fettreiche, proteinreiche Ernährung mit wenig bis gar keinen Kohlenhydraten, die den Körper dazu anregt, das Verbrennen von Kohlenhydraten zu stoppen. Stattdessen benutzt Ihr Körper Eiweiß und Fett für die Fettverbrennung und erreicht damit den oben beschriebenen Zustand der Ketose. Dies wird durch sogenannte Ketone bewerkstelligt, die bei der ketogenen Ernährung Ihrem Körper sowohl als Energielieferanten dienen als auch Fettzellen zersetzen. Diese werden bei der ketogenen Ernährung in Ihrer Leber erzeugt.

Die meisten Menschen setzen auf Kohlenhydrate, um ihnen die Energie zu liefern, die sie benötigen, um durch den Tag zu kommen. Da Kohlenhydrate sich in Glukose (Fruchtzucker) umwandeln, werden sie in den Zellen des Körpers oxidiert. Also, wenn sich Ihr Körper in einem Zustand mit wenigen Kohlenhydraten befindet, dann muss er sich die Energie an anderer Stelle suchen. Er beginnt dann Fett durch den Prozess der Ketose zu verbrennen. Die Fette werden in der Leber verstoffwechselt und verlassen sie als Ketonzellen und Fettsäuren. Der Körper kann nun die oxidierten Ketonzellen anstelle von Glucose nutzen, um Energie bereitzustellen. Das bedeutet, dass Ihr Körper Fett verbrennt und Übergewicht reduziert bei gleichzeitiger Einhaltung des täglichen Nährstoffbedarfs.

Vom Stoffwechsel her gesehen sind Lebensmittel der ketogenen Ernährung sehr nährstoffreich. Der Vorteil ist, dass diese Lebensmittel sowohl köstlich als auch gesund für Sie sind. Da Ihr Körper seine Nährstoffe nun aus Proteinen und Fetten bezieht, setzt das Sättigungsgefühl schneller ein und Sie nehmen somit insgesamt weniger Kalorien zu sich!

Was darf ich zu mir nehmen?

Was Sie essen sollten, hängt davon ab, wie schnell Sie einen ketogenen Zustand erreichen möchten. Je mehr Sie sich selbst im Konsum von Kohlenhydraten beschränken, desto schneller werden Sie den Zustand der Ketose erreichen. Eine Kohlenhydratzufuhr von nicht mehr als 25 Gramm pro Tag wäre dabei für Ihren Körper ideal. Mit anderen Worten sollte Ihre Kalorienaufnahme also zu ca. 70% aus Fett, zu ca. 25% aus Eiweiß und höchstens zu 5% aus Kohlenhydraten bestehen, um einer ketogenen Ernährung gerecht zu werden.

Es folgt eine Aufzählung von Lebensmitteln, die als ketogene Kost gelten:

Fleisch und Fisch

Ente, Wurstwaren, Huhn, Rindfleisch, Gans, Lamm, Eier, Schweinefleisch, Innereien, Wildfleisch, Kalbfleisch, Flunder, Kaviar, Muscheln, Hering, Heilbutt, Krabben, Garnelen, Tintenfisch, Lachs, Krake, Austern, Makrele, Hummer, Sardinen, Thunfisch, Forelle

Fette und Milchprodukte

Fischöl, Kakaobutter, Butter, Kokosnussöl, Mandelöl, Avocado-Öl, Leinsamenöl, Schmalz, Olivenöl, Erdnussbutter, Sonnenblumenöl, Sojasauce, Pflanzenöl, Käse, Vollmilch, Kokosmilch, Mandelmilch, Kokoscrème, Sauerrahm, Schlagsahne, Soja-Milch, Sahne, Griechischer Joghurt, Frischkäse

Gemüse, Früchte und Nüsse

Avocado, Brombeeren, Spargel, Preiselbeeren, Chicorée, Blumenkohl, Sellerie, Kohl, Brokkoli, Endivie, Knoblauch, Aubergine, Gurke, Tomate, Haselnüsse, Cashewnüsse, Paranuss, Mandeln, Erdnüsse, Sesamkerne, Pistazien, Macadamia-Nüsse, Kürbiskerne, Sonnenblumenkerne, Haselnüsse

Ketogene Ernährung unterscheidet sich von anderen “Low-Carb-Diäten“

Ketogene Ernährung unterscheidet sich dadurch von „Low-Carb-Diäten“ (wenig-Kohlenhydrate-Diäten), weil das Ziel nicht nur darin besteht, wenig Kohlenhydrate zu sich zu nehmen, sondern auch Ihren Körper in einen Zustand der Ketose (dauerhafte Energiegewinnung aus Fetten und Eiweiß) zu versetzen und diesen zu halten. Viele Kuren benutzen zwar den Slogan „Low Carb“ (wenig Kohlenhydrate), doch keine davon hat die Grundpfeiler zum Erfolg, wie sie die ketogene Ernährung besitzt. Die oben genannte Verteilung (70% Fett, 25% Eiweiß, 5% Kohlenhydrate), bei maximal 25g Kohlenhydrate am Tag, ist die Voraussetzung dafür, den Körper in den Zustand der Ketose zu bringen. Wenn dies erreicht ist, erleben Sie nicht mehr die lästigen Energiehöhen und -tiefen die sich aus den Insulinreaktionen einer kohlenhydratreichen Ernährung ergeben. Im Zustand der Ketose können wir uns zudem auch besser konzentrieren, da unser Körper nicht ständig um Nährstoffstabilität ringt und sich so auf aktuelle Aufgaben konzentrieren kann.

Kapitel 2: Die Vorteile der ketogenen Ernährung

Die ketogene Ernährung bringt Ihnen viele gesundheitliche Vorteile. In den meisten Studien der letzten Jahre schneiden kohlenhydratarme Ernährungsweisen besser ab als die üblichen Diäten. Die ketogene Ernährung führt nicht nur zu einem drastischen Gewichtsverlust, sie reduziert auch viele Risikofaktoren wie zum Beispiel Cholesterin. Es folgt eine Aufzählung der gesundheitlichen Vorteile der ketogenen Ernährung.

Die ketogene Ernährung lässt Hungerattacken der Vergangenheit angehören und zügelt Ihren Appetit. Durch die Ernährungsumstellung nehmen Sie insgesamt weniger Kalorien zu sich, wodurch Sie leicht Gewicht verlieren. Die ketogene Ernährung lässt Ihren Körper zudem überschüssiges, eingelagertes Wasser abbauen. Da Ihr Insulinspiegel sinkt, wird sich Ihr Gewicht schon in den ersten Wochen deutlich reduzieren. Man sollte die ketogene Ernährung als eine Ernährungsumstellung angehen, und nicht als Diät betrachten. So werden Sie langfristig davon profitieren und Ihr Wunschgewicht halten!

Das meiste Fett wird bei der ketogenen Ernährungsumstellung in der Bauchhöhle abgebaut. Gerade dieses eingelagerte Fett ist für den Körper am gefährlichsten. Es sammelt sich um die Organe, führt zu Insulinresistenz, fördert Entzündungen und sorgt für Verdauungsstörungen. Da die ketogene Ernährung Fett in diesem Bereich des Körpers reduziert, sinkt Ihr Diabetesrisiko und Sie werden weniger anfällig für die oben genannten Gefahren.

Des Weiteren sinkt der Spiegel der Triglyceride in Ihrem Blut. Triglyceride sind Fettzellen. Sie werden insbesondere durch die Einnahme kohlenhydratreicher Kost erzeugt. Nehmen Sie weniger Kohlenhydrate zu sich, sinkt logischerweise auch die Menge an Triglyceriden in Ihrem Körper.

Das „gute“ Fett, das durch die ketogene Ernährung freigesetzt wird, erleichtert es Ihrem Körper zudem, Muskelmasse zu halten und aufzubauen. Diese „guten“ Fette sind eine wichtige Energiequelle für Herz, Muskeln und Gehirn.

Außerdem hilft die ketogene Ernährung gegen Bluthochdruck und Magenbeschwerden. Die Symptome dieser „Volkskrankheiten“ werden sich durch Ihre Ernährungsumstellung deutlich bessern oder sogar ganz verschwinden. Die ketogene Ernährung kann sogar bei schweren Erkrankungen wie Epilepsie helfen. Erstaunlich, oder?

Sie sehen also, dass...

Tippen Sie folgenden Link in Ihren Browser um mehr über „Ketogene Ernährung: Das Kochbuch“ zu erfahren:

http://bitly.com/ketokoch

Diese Bücher auf Amazon könnten Ihnen auch gefallen...

Low Carb Brot: Abnehmen mit Low Carb Brotrezepten - Das Low Carb Brotbackbuch mit 40 leckeren Low Carb Rezepten

5:2 Teilzeit-Diät: Das Kochbuch - Garantiert schnell und bequem Gewicht abnehmen mit 70 leckeren 5:2-Diät Rezepten

Die Weizenbauch Diät: In 30 Minuten lernen wieso Weizen und Gluten krank und dick macht

Feedback

Danke, dass Sie das Buch *„Quinoa: Das Kochbuch"* gekauft haben.

Kein Produkt ist perfekt – deshalb bin ich stets darum bemüht die Qualität meiner Bücher zu verbessern, damit der Leser ein bestmögliches Ergebnis erhält. Sind Ihnen Punkte aufgefallen, die verbessert werden könnten? Dann geben Sie mir bitte ein konstruktives Feedback und senden es an:

katharina.jung.kdp@gmail.com

Hat Ihnen das Buch gefallen? Dann freue ich mich über eine kurze Rezension auf Amazon. Damit ermöglichen Sie mir in Zukunft noch mehr Menschen zu erreichen und deren Leben zu verbessern. Könnten Sie mir diesen kleinen Gefallen machen?

Tippen Sie diesen Link in die Adressleiste Ihres Browsers:

bitly.com/quinoarez

Ich würde mich sehr darüber freuen!

Katharina Jung

13613389R00101

Printed in Poland
by Amazon Fulfillment
Poland Sp. z o.o., Wrocław